U0536572

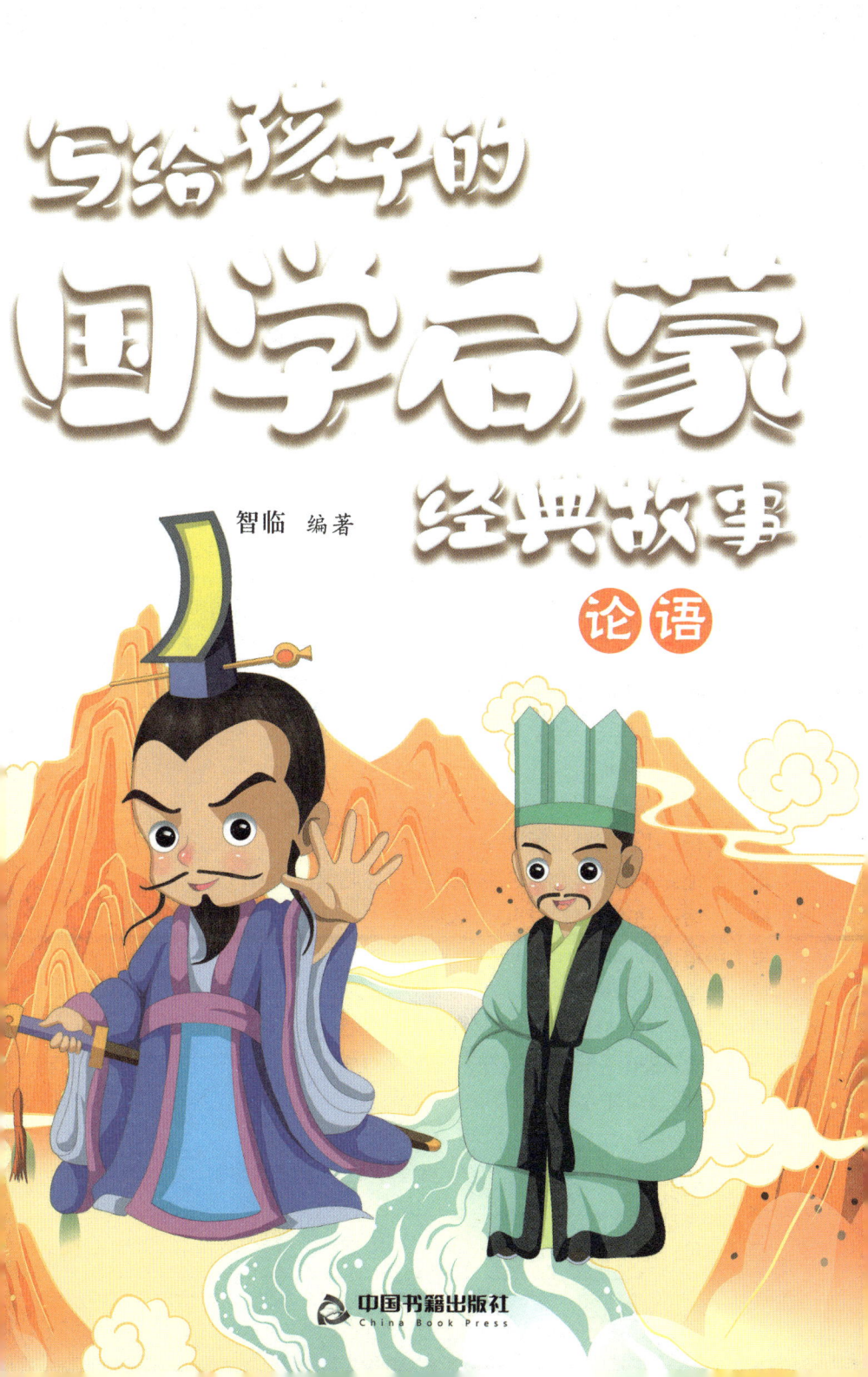

写给孩子的国学启蒙经典故事

论语

智临 编著

中国书籍出版社
China Book Press

图书在版编目（CIP）数据

论语 / 智临编著 . — 北京：中国书籍出版社，2022.10

（写给孩子的国学启蒙经典故事）

ISBN 978-7-5068-9209-4

Ⅰ．①论… Ⅱ．①智… Ⅲ．①《论语》—儿童读物 Ⅳ．① B222.2-49

中国版本图书馆 CIP 数据核字（2022）第 183394 号

论语

智临　编著

责任编辑：	王志刚
责任印制：	孙马飞　马　芝
责任校对：	朱林栋
封面设计：	书心瞬意
出版发行：	中国书籍出版社
地　　址：	北京市丰台区三路居路 97 号（邮编：100073）
电　　话：	（010）52257143（总编室）　　（010）52257153（发行部）
电子邮箱：	chinabp@vip.sina.con
经　　销：	全国新华书店
印　　刷：	唐山楠萍印务有限公司
开　　本：	880 毫米 ×1230 毫米　　1/32
字　　数：	450 千字
印　　张：	30
版　　次：	2022 年 10 月第 1 版　2022 年 12 月第 1 次印刷
书　　号：	ISBN 978-7-5068-9209-4
定　　价：	228.00 元（全 6 册）

版权所有　翻印必究

目录 CONTENTS

子曰：学而时习之，不亦说乎？⋯⋯⋯ 1
 墨池书圣 ⋯⋯⋯⋯⋯⋯⋯⋯⋯⋯ 2

曾子曰：吾日三省吾身：⋯⋯⋯⋯ 4
 邹忌讽齐王纳谏 ⋯⋯⋯⋯⋯⋯⋯ 5

子夏曰：贤贤，易色；事父母能竭其力；9
 缇萦救父 ⋯⋯⋯⋯⋯⋯⋯⋯⋯ 10

子曰：君子食无求饱，居无求安，敏于事而慎于言，⋯⋯⋯⋯⋯⋯⋯⋯⋯ 14
 贺若弼多言惹祸 ⋯⋯⋯⋯⋯⋯⋯ 15

子曰：始吾于人也，听其言而信其行；19
 令人失望的宰予 ⋯⋯⋯⋯⋯⋯⋯ 20

子曰：温故而知新，可以为师矣。…… 24
　　孔子练琴 ………………………………… 24

子曰：君子周而不比，小人比而不周。 27
　　秦王以义待君子 ………………………… 27

子曰：学而不思则罔，思而不学则殆。 30
　　鲁班考徒弟 ……………………………… 31

子曰：由，诲女知之乎！知之为知之， 34
　　不懂装懂闹笑话 ………………………… 35

子曰：人而无信，不知其可也。……… 39
　　季布守信，一诺千金 …………………… 40

子曰：君子之于天下也，……………… 43
　　海瑞治胡公子 …………………………… 44

子曰：君子喻于义，小人喻于利。…… 47
　　药商尚义 ………………………………… 47

子曰：见贤思齐焉，见不贤而内自省也。 50
　　朱元璋汇集"百川" ……………………… 51

子曰：君子欲讷于言而敏于行。……… 55
　　赵绰依法办事 …………………………… 55

子贡问曰：孔文子何以谓之文也？ …… **60**
    不懂就要问 ……………………………… 61

子曰：质胜文则野，文胜质则史。…… **64**
    傲慢无礼的萧颖士 …………………… 65

子曰：知之者不如好之者，………… **69**
    扬雄不再写赋 ………………………… 69

子曰：三人行，必有我师焉。……… **72**
    孔子与小孩论礼仪 …………………… 73

曾子曰：士不可以不弘毅，任重而道远。… **77**
    陶侃搬砖 ……………………………… 78

子绝四——毋意，毋必，毋固，毋我。 **82**
    疑邻偷斧 ……………………………… 82

子在川上曰：逝者如斯夫，不舍昼夜。 **86**
    匡衡凿壁借光 ………………………… 86

子贡问：师与商也孰贤？ …………… **90**
    画蛇添足 ……………………………… 91

子曰：己所不欲，勿施于人。……… **94**
    宋就以德报怨 ………………………… 95

子曰：无欲速，无见小利。………… **100**
　　拔苗助长 ……………………………… *100*

子曰：君子和而不同，小人同而不和。 **102**
　　晏婴谏齐景公 ………………………… *102*

或曰：以德报怨，何如? ………… **106**
　　王烈送布 ……………………………… *107*

子贡问曰：有一言而可以终身行之者乎? … **111**
　　曹操烧信恕部下 ……………………… *112*

子曰：君子耻其言而过其行。………… **116**
　　纸上谈兵 ……………………………… *116*

子贡问为仁。子曰：工欲善其事，必先利其器。……………………………………… **121**
　　磨刀不误砍柴工 ……………………… *122*

子曰：人无远虑，必有近忧。………… **126**
　　螳螂捕蝉，黄雀在后 ………………… *126*

子曰：巧言乱德。小不忍则乱大谋。 **131**
　　范雎远交近攻 ………………………… *131*

子曰：过而不改，是谓过矣。……… **136**
　　知错能改的唐太宗 ……………………… 136

子曰：道不同，不相为谋。………… **140**
　　管宁割席 ………………………………… 140

子曰：性相近也，习相远也。……… **143**
　　秀才与铁匠的儿子 ……………………… 143

子曰：道听而涂说，德之弃也。…… **147**
　　兼听则明，偏信则暗 …………………… 147

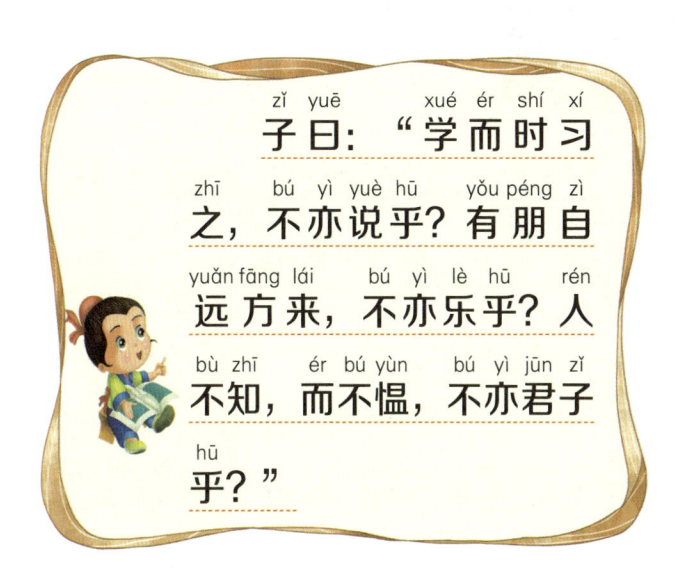

子曰:"学而时习之,不亦说乎?有朋自远方来,不亦乐乎?人不知,而不愠,不亦君子乎?"

译文

孔子说:"学了又时常温习和练习,这不是很愉快的事情吗?有志同道合的人从远方而来,不是很令人高兴吗?别人不理解自己,既不怨恨,也不恼怒,不也是一个具有高尚人格的人吗?"

墨池书圣

晋代大书法家王羲之，从七岁起就拜书法家卫夫人为师，成年以后又崇拜汉代草圣张芝，以张芝的字为楷模，每天从早到晚坐在池边临写不辍，以至于把一泓清水染黑，后人就把他洗笔的水池称为"墨池"。功夫不负有心人，经过多年的勤学苦练，他的书法终独辟蹊径，自成一家，他被誉为中国书法史上的"书圣"。

王羲之的成功，就体现了"学而时习之，不亦说乎"的真谛。

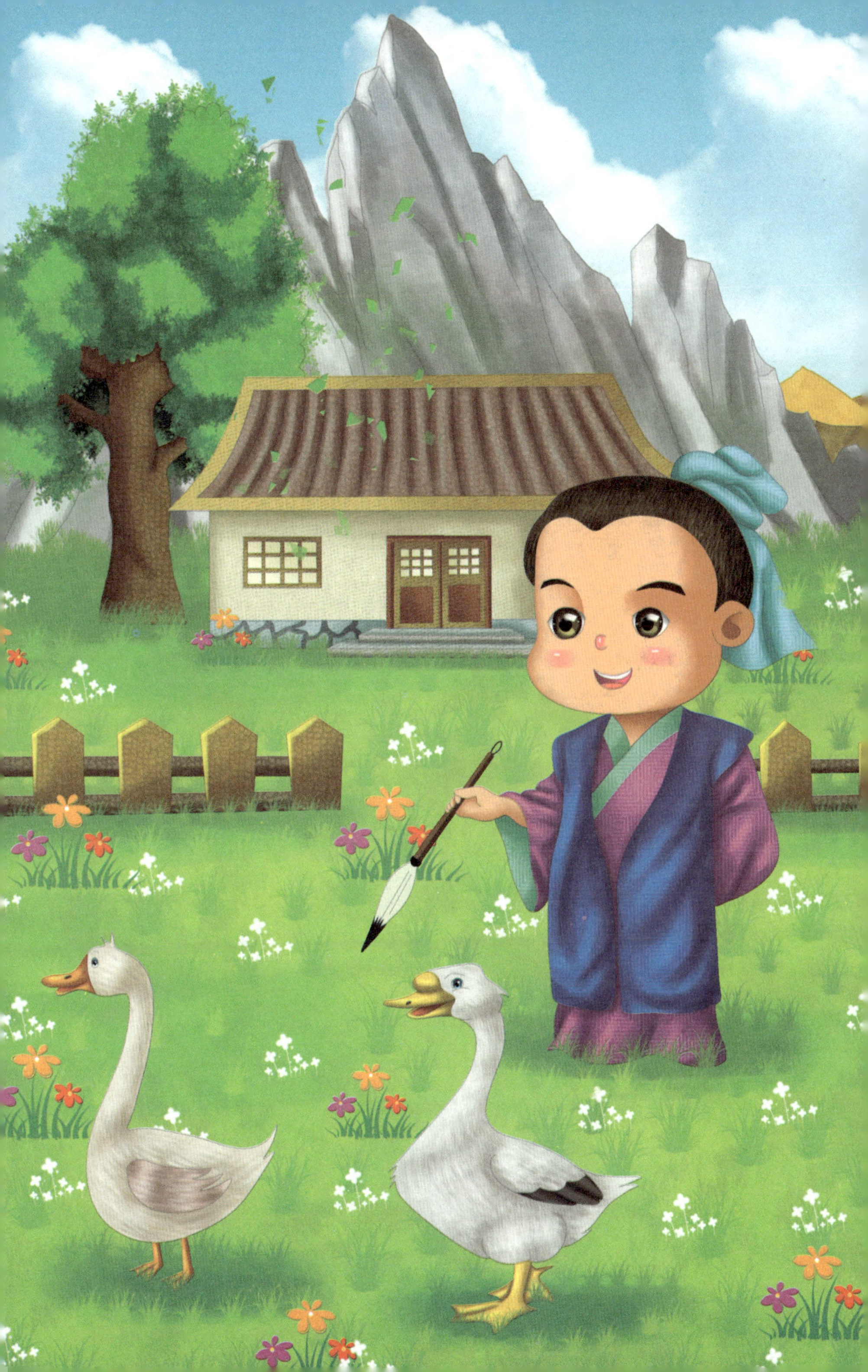

曾子曰:"吾日三省吾身:为人谋而不忠乎?与朋友交而不信乎?传不习乎?"

译文

曾子说:"我每天多次反省自己:为别人办事是不是尽心尽力了呢?同朋友交往是不是做到诚实可信了呢?老师传授给我的知识是不是复习了呢?"

故事链接

邹忌讽齐王纳谏

邹忌是齐国的国相,他身高八尺有余,容貌潇洒,身姿挺拔。有一天早上,他穿戴好衣帽,照着镜子,对他的妻子说:"我跟城北的徐公相比,谁漂亮?"他的妻子说:"您漂亮极了,徐公怎能和您相比呀!"城北的徐公,是齐国的美男子。邹忌不相信自己比他漂亮,就又问他的妾说:"我和徐公谁更漂亮?"他的妾说:"徐公哪里比得上您呢！"第二天，有位客人来拜访他，邹忌跟他坐着交谈，问他道："我和徐公谁更漂亮？"客人说："徐公不如您漂亮！"

第二天，徐公来到邹忌家，邹忌端详了许久，自认为不如徐公漂亮。徐公走后，他再次照着镜子看自己，更觉得自己差得很远。晚上邹忌躺在床上反复思考这件事，自言自语地说："我的妻子之所以赞美我，是因为偏爱我；我的小妾之所以赞美我，是因为害怕我；我的客人之所以赞美我，是因为有求于我。"

于是，邹忌上朝去见齐威王，说："我的确知道自己不如徐公漂亮。可是，我的妻子偏爱我，我的妾怕我，我的客人有求于我，都说我比徐公漂亮。如今齐国领土方圆千里，城池有一百二十座，后妃们和左右近臣没有不偏爱大王的，朝廷上的臣子没有不害怕大王的，全国没有谁不有求于大王的，由此看来，您受的蒙蔽一定是非常厉害的！"

齐威王说："贤卿的话说得很有道理！"

于是，齐威王立刻颁布诏令说："从今以后，不管是官吏还是百姓，能够当面指出我的过错的，得头等奖赏；能够上书劝谏我的，得中等奖赏；能够在公共场所或朝堂上指出我的过失并让我听到的，得下等奖赏。"

这道诏令刚一公布，许多大臣就争着

进谏，王宫门前就像市场一样；几个月后，还有人向齐王进言劝谏；一年以后，虽然有人还想进言劝谏，却没有什么可说的了，因为所有的意见都已经献给朝廷了。

邹忌比美

听到别人的赞美，不要沾沾自喜，而要冷静地分析一下这赞美的真假，不然人就会变得糊涂了。

子夏曰:"贤贤,易色;事父母能竭其力;事君,能致其身;与朋友交,言而有信。虽曰'未学',吾必谓之'学'矣。"

译文

子夏说:"一个人能够看重贤者而不以女色为重;侍奉父母,能够竭尽全力;服侍君主,能够献出自己的生命;同朋友交往,说话诚实、恪守信用。这样的人,尽管没有受过正规教育,我也认为他有高尚的修养。"

故事链接

缇萦救父

汉文帝时,山东有个读书人叫淳于意,他饱读诗书,也精通医道,于是便做起了医生。有一次,他给一个大富商的妻子看病,没过几天大富商的妻子死了。大富商很生气,便贿赂官府,诬陷淳于意是庸医,害死了他的妻子。当地的官吏得了好处,不问青红皂白就把淳于意抓了起来,并判以"肉刑",要把他押解到长安去受刑。

淳于意没有儿子,只有五个女儿。离开

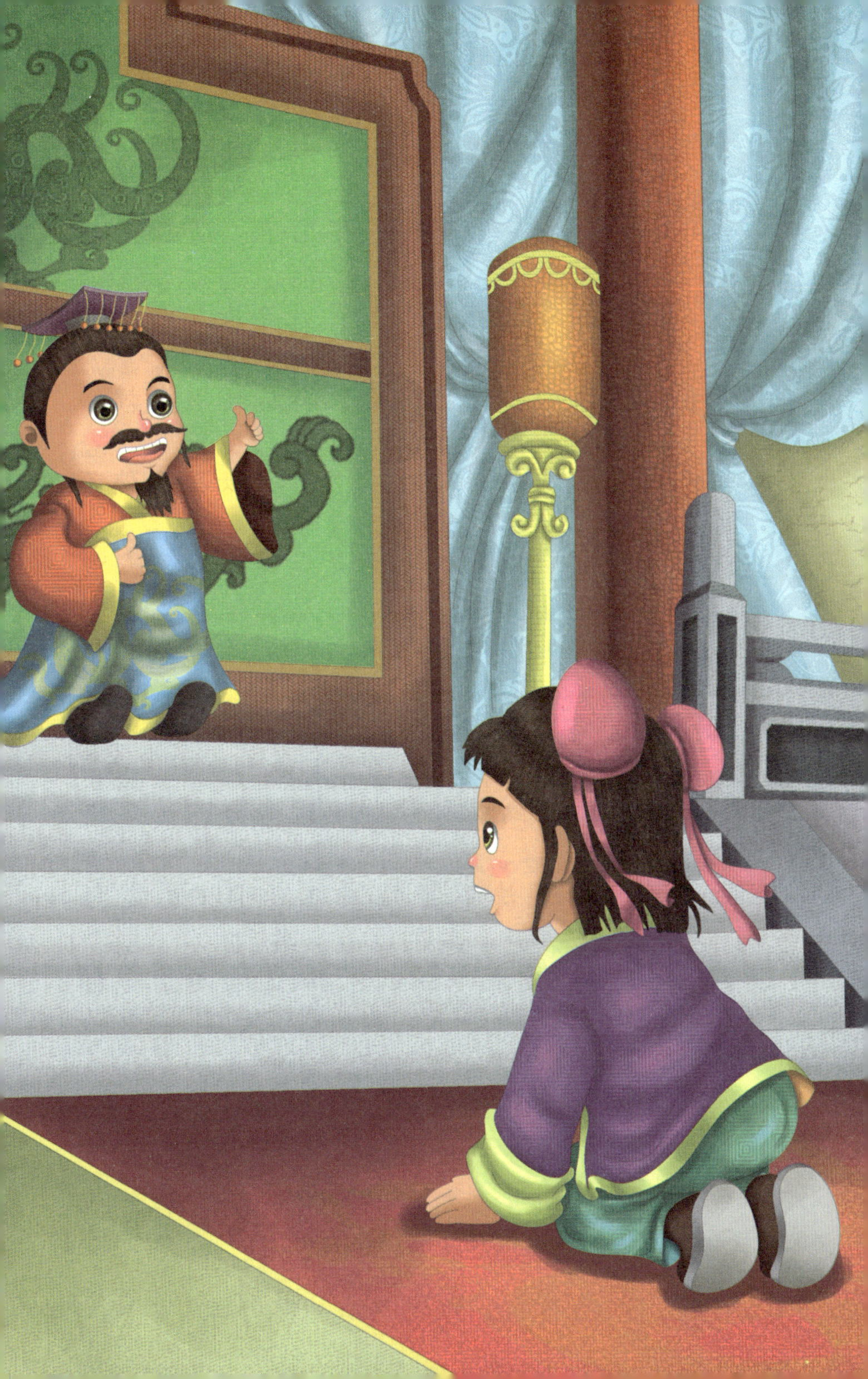

家的时候,他望着女儿们一边叹气,一边伤心地说:"可惜我没有儿子,遇到急难时,连个帮手也找不到!"几个女儿都低头哭,只有最小的女儿缇萦,又悲伤又气愤。她既聪明又孝顺,心想:为什么女孩子就不能为父亲排忧解难呢?于是,她不顾家人的劝阻,偷偷地跟随押送父亲的解差,来到了长安,准备想办法救父亲。

缇萦打听到汉文帝曾下过命令,如果老百姓有什么解决不了的困难,可以直接向皇帝上书。于是她便托人给皇帝写了一封信:

我叫淳于缇萦,是淳于意的小女儿。我父亲给国家当差的时候,当地的百姓都说他廉洁正直,还是个好医生,为老百姓做了很多好事。可是现在他被诬陷判刑,我想,一个人砍去脚就成了残废,以后就是想改过自新,也没有办法了。我情愿入宫作奴婢,来替父亲赎罪,好让他有个改过自新的机会。"

汉文帝看了信,被缇萦的孝心打动了,又觉得她说的有道理,于是立即传下命令,赦免了淳于意,并下了一道诏书,正式下令废除肉刑。

子曰:"君子食无求饱,居无求安,敏于事而慎于言,就有道而正焉,可谓'好学'也已。"

译文

孔子说:"君子,饮食不追求饱足,居住不要求十分舒适,工作勤劳敏捷,说话却小心谨慎,向有道德的人学习来匡正自己,这样可以说是'好学'了。"

贺若弼多言惹祸

贺若弼,隋朝开国名将。他出生在将门之家,少年时胸怀大志,骁勇善骑射,会文精武,名重一时。后因伐陈有功,封上柱国,进爵宋国公。

贺若弼的父亲贺若敦,以武猛而闻名,在北周时曾担任金州总管。当时朝中有个大臣,名叫宇文护,此人飞扬跋扈,目空一切。贺若敦经常在众人面前指责他的不是，惹得宇文护对他恨得咬牙切齿。于是，宇文护借机诬陷贺若敦，致使他被判处了死刑。

贺若敦临死前，招呼贺若弼上前，对他说："我想要平定江南，然而现在看来已经不能实现了，你应该继承我的遗志。我惨遭横祸，都是因为祸从口出，你不可不牢记这个教训。"说完，他拿起锥子把贺若弼的舌头刺得直流血，告诫他要慎言。

贺若弼听从了父亲的教诲，最初还能保持行事说话小心谨慎。后来，随着他的功劳越来越大，开始骄傲自满。自以为功名在群臣之上，而得到的封赏却不如别人多，心

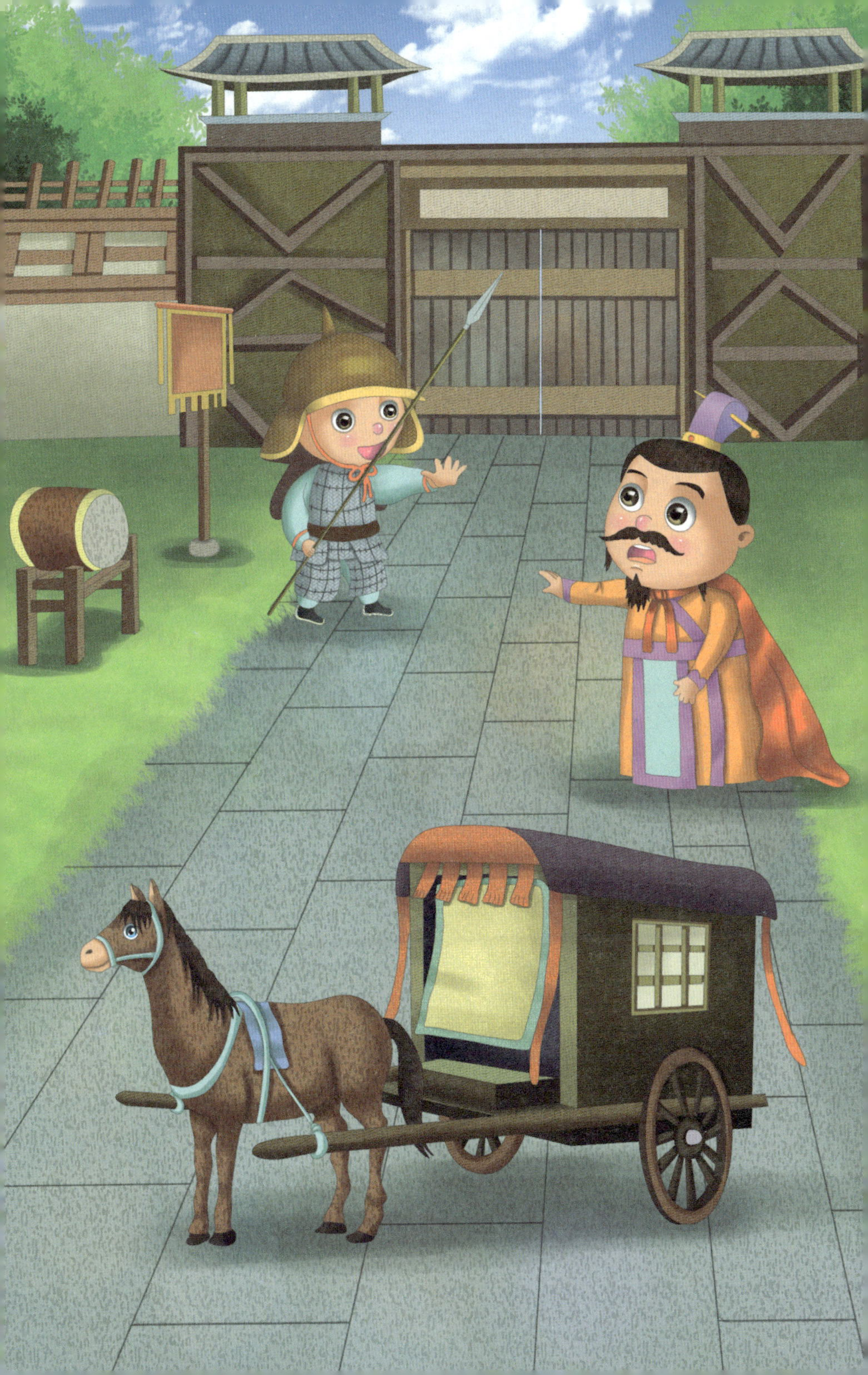

里十分不平衡,牢骚不断,出言不逊。被罢官后,贺若弼反而愈加猖狂,几年后,隋文帝将他下狱。群臣认为贺若弼怨愤过重,奏请将他处以死刑,隋文帝犹豫数日,念及他的功劳,不忍心杀他。出狱后不久,隋文帝恢复了贺若弼的爵位,但不再任用他。

隋炀帝即位后,贺若弼更加被疏远了。不过贺若弼似乎忘了父亲锥舌刺血的告诫,还是经常和别人议论朝政,口不择言。最终,贺若弼因私下与高颎、宇文弼等人议论隋炀帝过于奢侈,被人告发,在六十四岁的时候,贺若弼被隋炀帝以诽谤朝政的罪名诛杀了。

子曰:"始吾于人也,听其言而信其行;今吾于人也,听其言而观其行。于予与改是。"

译文

孔子说:"起初,我看人,听了他说的话,就相信他做的事;今天,我看人,听了他说的话,还要观察他做的事。我是从宰予这件事情后改变了态度的。"

故事链接

令人失望的宰予

孔子的弟子中,有一个名叫宰予的,能说会道,说起话来娓娓动听,辩论起来谁也说不过他。他开始给孔子留下不错的印象。孔子很喜欢他,认为他将来一定很有出息。

可是,不久宰予就暴露出一些让孔子不满的毛病:既无仁德,又十分懒惰。

有一次,鲁国的国君鲁哀公问宰予什么木材可以做宗庙祭祠的木料,宰予大胆地

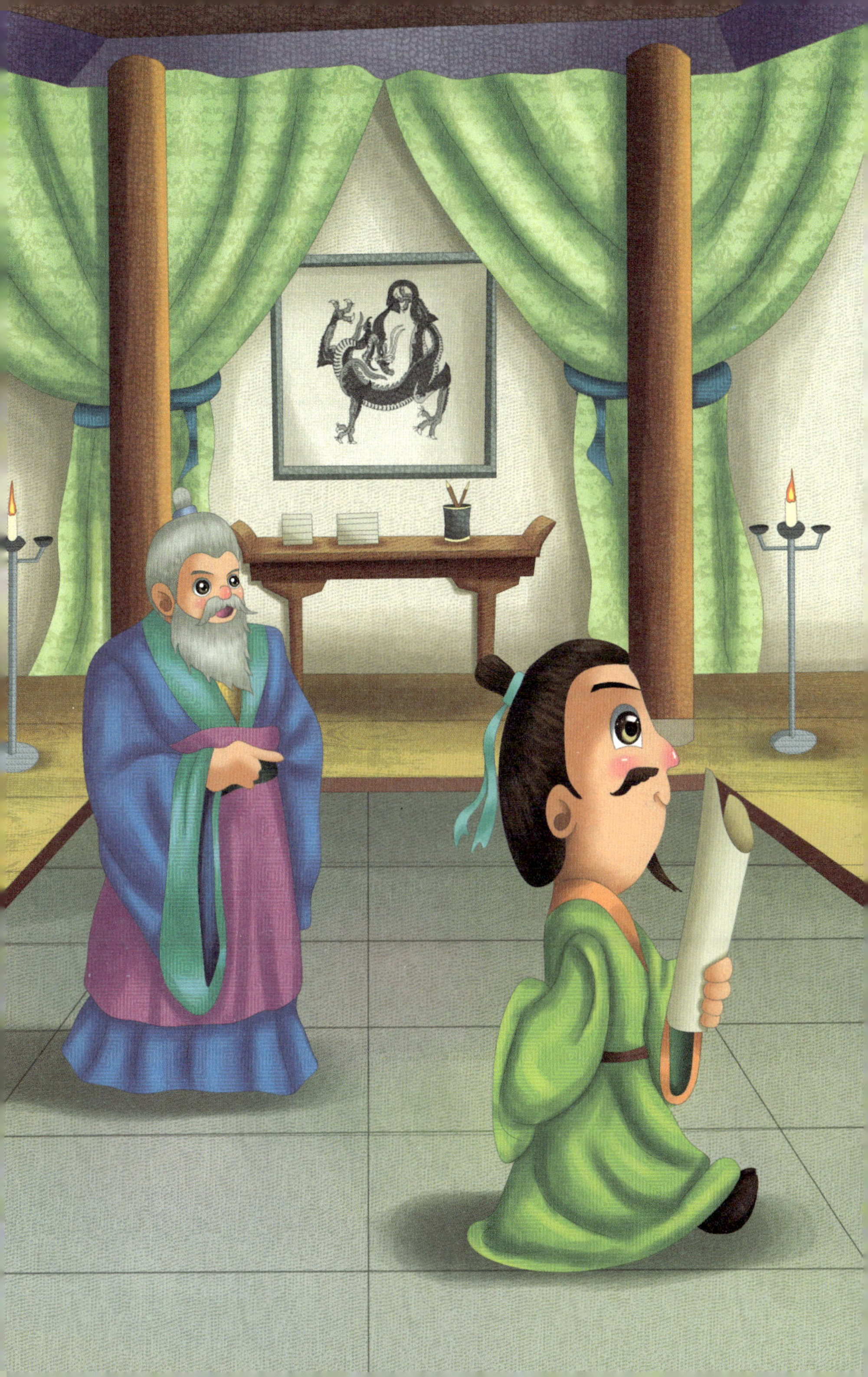

说:"夏朝用松木,商朝用柏木,周朝用栗木。用栗木的意思是使人民战栗。"孔子知道后,觉得宰予对鲁哀公有教唆的嫌疑,而且对周朝的解释也不太正确,所以就批评了他。

又有一次,宰予又问了一个非常古怪的问题:"有仁德的人,如果告诉他井里有仁德,他是否会跟着跳下去呢?"孔子听他这样看待仁德,非常失望,所以就对他说:"你为什么要这样做呢?对待君子,你可以叫他远远走开,却不可以陷害他;可以欺骗他,却不可以愚弄他!"

又有一天,孔子讲课时发现宰予不在,就让其他弟子去找。一会儿,去找的弟子回来说,宰予正在睡觉。孔子听了,十分生气。宰予平时巧言强辩,常常说出一些不合礼义的话,已经让孔子很不高兴了,如今又不来上课,这更让孔子失望了。

"腐烂的木头不能雕刻啊!最初我听到别人的话,就相信他的行为一定与他说的一样;现在我听了别人的话之后,还要考察一下他的行为。从宰予这件事起,我改变了自己的态度!"孔子伤感地总结道。

子曰:"温故而知新,可以为师矣。"

译文

孔子说:"在温习旧知识时,能有新体会、新发现、新见解,这样就可以当老师了。"

故事链接

孔子练琴

孔子非常喜欢音乐,他曾经跟鲁国乐

师师襄子学弹琴。一天，师襄子教完了一支乐曲，但并没有详细解说，只是让他独自练习十天，然后再教新曲。可是十天过去了，孔子仍在苦练那支曲子。师襄子提醒他说："你已经把这首曲子练熟了，可以学新曲了。"孔子却说："不行啊！我只是刚把音律弹熟，技法还很生疏呢！"

又过了几天，师襄子又提醒孔子说："你的技法已经很熟练了，可以学新曲了。"孔子摇头说："不行啊！我还没明白它要表达的真实情感啊！"于是又埋头弹起来。又过了好几天，师襄子再次提醒他："好啦，你不仅熟悉了它的音律、技法，连它的内容也明白了，可以弹新曲了!"孔子依然摇头,说:"不行,我还没有体会到作曲者的为人呢。"师襄子觉得言之有理,不再催促他练新曲了。

时间又过去了好几天。这一天,孔子正埋头弹琴,他忽然站了起来,对师襄子说:"老师,我知道作曲家是怎样一个人了!他皮肤黝黑,身材修长,目光深邃,胸怀四方,我猜他一定是周文王啊!"

师襄子大吃一惊,感叹道:"要不是你这么一说,我倒把这一切都忘记了。很久以前,我的老师对我说过,这首曲子叫《文王操》,它的作曲就是周文王啊。你真是聪明过人,一下子就领悟到了周朝乐曲的真义!"

子曰:"君子周而不比,小人比而不周。"

译文

孔子说:"君子合群而不与人勾结,小人与人勾结而不合群。"

秦王以义待君子

唐朝有一位勇猛的将领叫尉迟恭,他

最开始是刘武周的将军,与当时还是秦王的李世民打仗,最终归顺了秦王。

不久,李世民的部队里有归顺者叛变逃走了,于是有将领对尉迟恭也怀疑起来,为防他也叛变,就要求将尉迟恭关押起来。有人对李世民说,尉迟恭打仗很勇猛,但不一定忠心,还是趁早杀掉他,以绝后患。

李世民没听,反而当即命令释放,又带他进自己的卧室,像对亲信一样,赏赐金银珠宝,说:"大丈夫以义气相许,小的嫌隙不要放在心里,我不会因为谗言杀害良士的。如果你要走,这可以作为你的路费,以表我们短

暂共事的情谊。"尉迟恭对李世民非常感激，此后忠心不二地保护李世民，为李世民征战南北，屡立战功。

后来，为皇位继承权，李世民与太子李建成的矛盾开始尖锐起来。李建成想收买秦王府的猛将，以作己用，他就给尉迟恭送了一车的金银珠宝，希望他归顺自己，但遭到了尉迟恭的果断拒绝。

这就是以"义"团结人和以"利"勾结人的区别。李世民最终能够当上皇帝，成就"贞观之治"，就是他懂得"君子周而不比"的道理。

子曰:"学而不思则罔,思而不学则殆。"

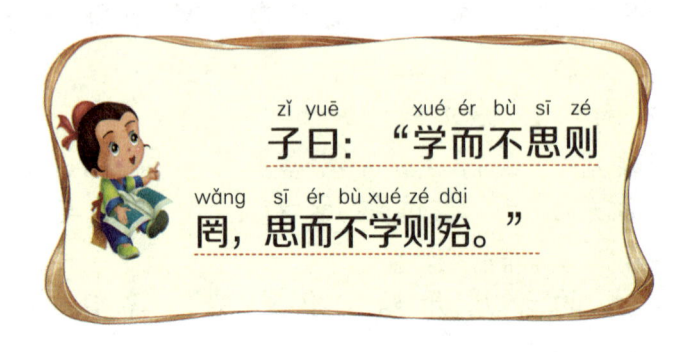

译文

孔子说:"只读书学习,而不深入思考问题,就会迷茫无知而没有收获;只空想而不学习新知识,就会疑惑不解,误入歧途。"

故事链接

鲁班考徒弟

鲁班是大名鼎鼎的能工巧匠,他徒弟众多。有一天,他把徒弟们叫来说:"我准备考考你们,你们明天一清早就上我家来吧。"

第二天,徒弟们一早就到了鲁班家,鲁班见了徒弟们,手指着身旁的一堆梓木说:"我要考你们一个新题目,你们用这梓,做三天,要做得精。"说完,便离开了。

三天以后,徒弟们都各自拿着自己精雕

细琢的梓板，交给鲁班。只见每个作品都各具特色，生动形象的飞禽走兽，婀娜多姿的花卉草木，都十分引人注目。但是，没有一个让鲁班满意的。

这时，他那最小的徒弟手里捧着一个镶嵌得很精巧的小书架，走了进来，书架的梓木正好构成一个"晶"字模样。当他恭敬地把这个小书架送到鲁班手里时，鲁班高兴地大笑起来，赞赏地点头，指着这个小书架对其他的徒弟说："这才是我要求你们做的。一个工匠，不仅要有精巧的手艺，还要有一个充满智慧的头脑。你们都回去想一想，为什么自己都做错了？"

鲁班离开后，大家立刻围着小徒弟，询

问其原因。小徒弟说:"师傅不是说用梓做三日,做得精吗?'梓'是'字'的谐音;'精'是'晶'的谐音。三个'日'字不正是一个'晶'字吗?"

大家听后恍然大悟。

子曰:"由,诲女知之乎!知之为知之,不知为不知,是知也。"

译文

孔子说:"仲由,我教给你求知的道理吧!知道的就是知道,不知道就是不知道,这才是真正的智慧啊!"

不懂装懂闹笑话

从前，北方有个小官，突然有一天，他接到了上面的文书，说是给他加官一级。可是他却只高兴了一阵子就开始郁闷了。因为他必须到南方去，可自己从来没去过，对那里不熟悉，万一闹出笑话来多遭人耻笑啊！

当北方人来到南方以后，当地官员大摆宴席给他接风。一番寒暄过后，酒菜就开始上桌了。第一盘菜是菱角。北方人一看，立刻就傻眼了，心想：这是什么东西呢？从来没见过呀,可自己大小也是个官,绝对不能让别人说我没见识。他眼珠一转,立刻有了主意:我先让他们吃,我跟着学不就行了吗?于是他指着那盘菱角故作谦让地说:"大家请吧!"那些地方官还真以为他客气呢!于是更加谦让起来,对北方人说:"还是您先请吧!"

北方人一看,心想:这下完了,再让下去大家都光在那谦让了。他只好硬着头皮拿了一只菱角,连皮都没剥开就放进嘴里嚼。一边嚼还一边说:"这味道真不错!"

在场的人看见这一幕,怕北方人尴尬,都没对他说什么。这时,一个刚进来上菜的仆人看见了,出于好意,就对北方人说:

"您应该先把皮剥开再吃啊!"

北方人这才知道自己出丑了,可他却死要面子,拼命掩饰。他笑了笑,指着菱角说:"大家都知道吃菱角要先剥皮,可我是北方来的呀,我这样的吃法也是有道理的。"

一位官员说道:"那您说说看吧!"北方人接着说:"这菱角的皮虽然嚼着发硬,它却可以清热解毒。这几天我刚好有些上火,连皮一起吃,是为了败火呀。"

这些当地的官员听北方人这么说,都半信半疑,还真有人以为这个北方人见多识广,好奇地问他:"你们北方也有种菱角的吗?"

北方人听了这话心中暗喜,以为真把这

些人给蒙住了。就又拿起一只菱角，指着它说："你说对了，在我家那边，漫山遍野都是！要不我怎么知道它的壳能吃呢？"那些当地的官员再也忍不住了，一个个笑得前仰后合。

子曰:"人而无信,不知其可也。大车无輗,小车无軏,其何以行之哉?"

译文

孔子说:"一个人不讲信用,是根本不可以的。就好像大车没有輗、小车没有軏一样,它靠什么行走呢?"

故事链接

季布守信，一诺千金

秦朝末年，在楚地有一个叫季布的人，他性情耿直，为人侠义好助，只要是他答

应过的事情,无论有多大困难,他都会设法办到,因此广受大家的赞扬。当时人们常说:"得黄金千两,不如得季布一诺。"

楚汉相争时,季布是项羽的部下,曾几次献策,使刘邦的军队吃了败仗。项羽兵败后,季布孤身一人杀出重围,开始了他亡命天涯的生活。而当了皇帝的刘邦一想起这事,就气愤不已,于是下令通缉季布。

那些仰慕季布的人,都在暗中帮助

他。不久,季布化装成佣人,到山东一户姓朱的人家当佣工。朱家明知他是季布,仍收留了他。后来,朱家去找汝阴侯夏侯婴说情。在夏侯婴的劝说下,刘邦不仅撤销了对季布的通缉,还封他做了郎中,不久又改做河东太守。

季布有一个同乡曹邱生,听说季布做了大官,就马上去见季布。曹邱生一进季布家的厅堂就说:"我听说楚地流传着这样一句话,'得黄金千两,不如得季布一诺'。我仰慕你的高尚品德,特地来结识你。"季布听了曹邱生的这番话,看出曹邱生也是一个豪爽的人。后来,两人成为至交。

子曰:"君子之于天下也,无适也,无莫也,义之与比。"

译文

孔子说:"君子对于天下的事,没有规定一定要怎么做,也没有规定不要怎么做,只是按照认为妥当的去做。"

海瑞治胡公子

明朝嘉靖年间,浙江总督胡宗宪的儿子胡衙内仗着父亲的权势,为非作歹,欺压百姓,人们敢怒不敢言。

有一次,胡衙内带着几个随从离开杭州,直抵浙西。他们一路上游山玩水,作威作福,所经府县的官吏惧怕胡宗宪的权势,无不殷勤招待。然而,等胡衙内来到淳安县却是另一番景象:城门边没有一人出来迎接,住到馆驿后知县也不来看望他。胡衙内不由得恼怒起来,喝令将驿吏捆绑起来,拿起马鞭边打边骂。馆驿的人赶紧报告海瑞。

海瑞闻报,十分生气,带着捕快直奔馆驿。进门后,海瑞见胡衙内在屋内毒打驿吏,大声喝道:"把这个恶棍抓起来!"胡衙内满不在乎地说:"我是堂堂浙江总督的儿子,你们谁敢抓我?"海瑞冷笑道:"你是何方恶棍,胆敢冒充胡总督的公子?胡总督是朝廷一品大臣,处处体恤民情,爱护百姓,他的公子定是文质彬彬之人,怎么会是你这样的花花太岁?来人,将这个冒牌货捆起来,先掌嘴五十!"捕快不由分说,把胡衙内捆起来,朝着他的嘴巴打去,一时间,胡衙内满嘴流血,两腮红肿。

"再搜他的行李！"海瑞大声吩咐。捕快从胡衙内的行李中搜出许多银子和贵重礼品。海瑞沉着脸问道："这些是从哪里来的？"胡衙内回答："都是沿途官吏送的。"海瑞冷笑道："你肯定是个冒牌货了。胡公子出游，他每到一处必定访古问幽，决不会像你这样搜刮银子和宝物。你冒充胡公子胡作非为，败坏胡总督名声，罪该万死！"

这么一来，胡衙内再也不敢吱声了。几天后，海瑞差人将胡衙内解押到总督府，并交给胡宗宪一封信。

胡宗宪拆开信看完，又看看被打得鼻青脸肿的儿子，毕竟儿子做了错事，只得打掉牙往肚里咽，此事也便不了了之。

子曰:"君子喻于义,小人喻于利。"

译文

孔子说:"君子明白大义,小人只知小利。"

故事链接

药商尚义

古时候,长安(今陕西西安)城里有一个叫宋清的药商,他待人仁厚真诚,做买卖也公道实在,所以远近的人都知道他的名字。

卖药材的都知道宋清的人品好,价格合理,所以采药人都争先恐后到他那里卖药。他配的药又从没有出过一点儿差错,因而人们很信任他,到他这儿买药的人自然很多。

有时病人来买药,却没钱付账,宋清总是说:"治病救人要紧。钱什么时候有,再送来就是了。"有的人药费拖了一年,仍无钱付账,宋清也从不上门讨账。更难能可贵的是,每到年底,宋清总要烧掉一些还不起钱的人的欠条。

有人对此很不理解,说:"宋清这个人一定是脑袋有问题,否则怎么会办出那样的傻事呢?"

而宋清却回应说:"我并不傻,卖药四十多年,我总共烧掉别人欠条的数目都数不清了,这些人并不是为了赖账,而是一时没钱。有的人后来当了官,发了财,没有欠条,他照样不忘当初,会加倍地送钱来还我的,真正不能还的毕竟是少数。而且人们是信任你,才会有事来找你,而不找别人,这是多少钱都买不来的友情。"

宋清善良仁厚,轻利重义,以德取信于人,赢得了人们的信任和敬重,他的生意也就随之越做越大,最后成了有名的富商。

子曰:"见贤思齐焉,见不贤而内自省也。"

译文

孔子说:"见到贤能的人,就应该向他学习、看齐;见到不贤能的人,就应该自我反省,看看自己是否也跟他一样。"

故事链接

朱元璋汇集"百川"

朱元璋曾说:"子思英贤,有如饥渴。"他知道,若要打天下,必须广求天下贤士。因此,他每攻占一地,总要访求当地名士,并把他们请入军中求计问策。

朱元璋攻占滁州后,儒士范常前来拜谒,朱元璋亲自热情款待,留置幕下,为己重用。朱元璋渡江攻下太平后,陶安率父老出城迎接。朱元璋次日即召见他,与他谈论天下大事,将他留在身边。朱元璋

攻下应天后,马上宣布:"贤人君子有愿意跟随我建功立业的,我都尊礼重用。"

消息传开,夏煜、孙炎、杨宪等十几个儒士前来拜见,朱元璋均加以录用。朱元璋打下徽州后,大将邓愈向朱元璋推荐徽州名儒朱升。朱元璋对朱升早有耳闻,现在听了邓愈的介绍,知道朱升果然有才华,便效仿刘备三顾茅庐,登门拜访朱升,向他请教平定天下的大计。朱升被朱元璋的诚意打动,遂进言三策:"高筑墙,广积粮,缓称王。"即操练兵马,积蓄实力;奖励农耕,广积粮食;避露锋芒,勿早树敌。朱元璋牢记于心,将此作为自己一个时期内奉行的基本方针。

其后,朱元璋亲征婺州。他知道婺州一向以多儒士而闻名,如果能将一些儒士为己所用,则不仅有助于稳固对当地的统治,也可以扩充自己的智囊团。所以,攻克婺州后,朱元璋迅即召见并邀请了十几位当地儒士,向他们征询治国之道,请他们讲解儒家经典和历史书籍,并把王冕、许瑗等纳入幕府,让他们参议军国大政。

1359年,攻占处州后,有人向朱元璋

推荐刘基、叶琛、章溢。朱元璋当即派人前往礼聘，又在自己的住宅西边建了一所礼贤馆，让他们安心居住。此后，朱元璋经常向他们征询对天下局势的看法，增长了许多治国谋略。

朱元璋网罗到的人才越来越多，再加上他一向知人善用，所以实力越来越雄厚，最终凭借众人之智，建立了大明王朝。

子曰:"君子欲讷于言而敏于行。"

译文

孔子说:"君子说话应该谨慎,而行动要敏捷。"

故事链接

赵绰依法办事

隋文帝统一全国后,派人修订了刑律,

把那些残酷的刑罚都废除了。这本来是件好事,但是隋文帝本人却不完全按照这个刑律办事,往往一时发怒,便不顾刑律规定,随便下令杀人。

隋文帝的做法，叫大理（管理司法的官署）的官员十分为难。大理少卿赵绰觉得有责任维护刑律公正，因此常常跟隋文帝顶撞。

在大理官署，有一个叫来旷的官员，听说隋文帝对赵绰不满，想迎合隋文帝，就上了一道奏章，说大理衙门执法不严。隋文帝看了奏章，认为来旷说得很中肯，就提升了他的官职。来旷自以为皇帝很赏识他的做法，就昧着良心，诬告赵绰徇私舞弊，放了一些不该赦免的犯人。

隋文帝虽然嫌赵绰办事不合他的心意，但是对来旷的上告，却有点怀疑。他派亲信官员去调查，发现根本没有这回事。隋文帝弄清真相后,勃然大怒,立刻下令处死来旷。

隋文帝把这个案子交给赵绰办理,他觉得来旷诬告的是赵绰自己,赵绰一定会同意他的命令。哪知道赵绰还是说:"来旷有罪,但是不该判死罪。"隋文帝很不高兴,起身就离朝回内宫去了。

赵绰在后面大声嚷着说:"来旷的事臣就不说了,不过臣还有别的要紧事面奏。"

隋文帝信以为真,就让赵绰随他进了内宫。隋文帝问赵绰要奏什么事。赵绰说:"我有三条大罪,请陛下发落。第一,臣身为大理少卿,没有管理好下面的官吏,使来旷触犯刑律;第二,来旷本不该被判处死刑,臣却不能据理力争;第三,臣请求进宫,本来无事可奏,只是因为心里着急,才欺骗了陛下。"

隋文帝听了赵绰最后几句话,禁不住笑了。在一旁坐着的独孤皇后很赏识赵绰的正直,便让侍从赐给赵绰两杯酒。隋文帝终于同意赦免来旷,改判革职流放。

子贡问曰:"孔文子何以谓之文也?"子曰:"敏而好学,不耻下问,是以谓之文也。"

译文

子贡问道:"为什么给孔文子一个'文'的谥号呢?"孔子说:"他聪敏勤勉而又热爱学习,不以向比他地位卑下的人请教为耻,所以给他谥号叫做'文'。"

故事链接

不懂就要问

孙中山小时候在私塾读书。那时候上课,先生念,学生跟着念,咿咿呀呀,像唱歌一样。学生读熟了,先生就让他们一个一个地背诵。至于书里的意思,先生从来不讲。

一天,孙中山来到学校,照例把书放到先生面前,流利地背出昨天所学的功课。先生听了,连连点头。接着,先生在孙中山的书上又圈了一段,他念一句,叫孙中山念一句。孙中山会读了，就回到座位上练习背诵。孙中山读了几遍，就背下来了。可是，书里说的是什么意思，他一点儿也不懂。孙中山想：这样糊里糊涂地背，有什么用呢？于是，他壮着胆子站起来问："先生，您刚才让我背的这段书是什么意思？请您给我讲讲吧！"

这一问，把正在摇头晃脑高声念书的同学们吓呆了，课堂里霎时变得鸦雀无声。

先生拿着戒尺，走到孙中山跟前，厉声问道："你会背了吗？"

"会背了。"孙中山说着，就把那段书一字不漏地背了出来。

先生收起戒尺，摆摆手让孙中山坐

下,说:"我原想,书中的道理,你们长大了自然会知道的。现在你们既然想听,我就讲讲吧!"

先生讲得很详细,大家听得很认真。

后来,有个同学问孙中山:"你向先生提出问题,不怕挨打吗?"

孙中山笑了笑,说:"学问学问,不懂就要问。为了弄清楚道理,就是挨打也值得。"

子曰:"质胜文则野,文胜质则史。文质彬彬,然后君子。"

译文

孔子说:"质朴多于文采,就像个乡下人,流于粗俗;文采多于质朴,就流于虚伪、浮夸。只有质朴和文采配合恰当,才是君子的气质。"

傲慢无礼的萧颖士

唐玄宗时期,颍州汝阴(今安徽阜阳)人萧颖士非常聪明,他四岁的时候就能写文章,十岁的时候就上了太学,号称神童。唐开元二十三年(公元735年),十八岁的他考中了状元,名扬天下。从此之后,他认为自己的才华举世无双,待人非常傲慢,不讲礼貌。

为了显示自己的名士风度,萧颖士经常携着一壶酒,寻找野外的美景,边喝酒边吟诗欣

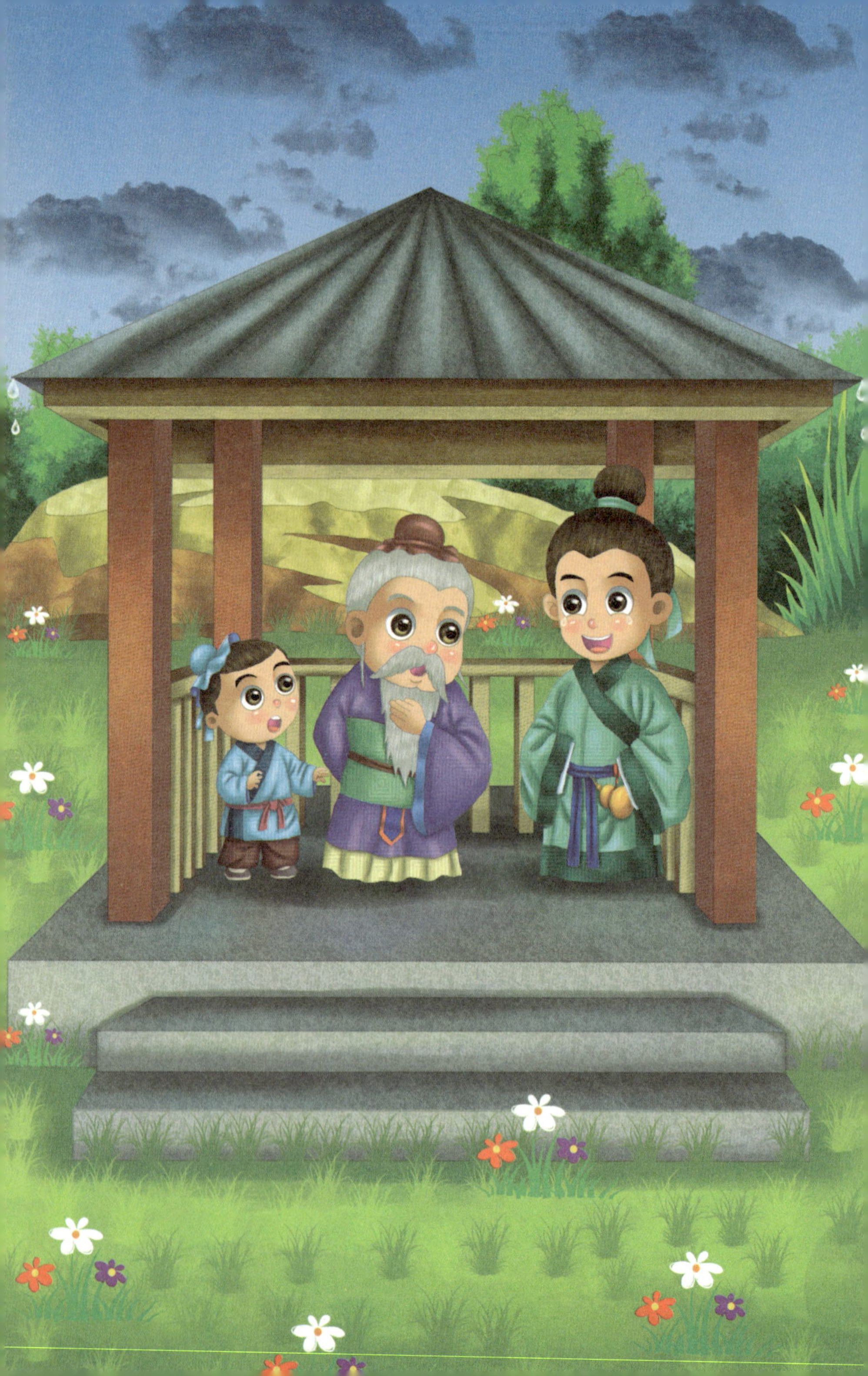

赏。有一天他又来到郊外,一个人喝酒吟诗。这时狂风暴雨突然来袭,他就来到附近的一个亭子中避雨。正好有一位穿紫衣的老人领着一个小孩也在这里避雨,萧颖士就和老人闲聊起来。萧颖士见老人普通平常的样子,就肆意讥笑他,老人也不动声色。

一会儿,雨过天晴了。突然来了一群侍卫,都骑着高头大马,赶着一辆豪华的马车来接老人回家。萧颖士急忙向侍卫打听老人的身份,侍卫告诉他,这位老人就是专门负责官员升迁的吏部王尚书。萧颖士曾去拜见了王尚书好几次,都没有见到他本人,听说老人就是王尚书,他心中十分慌乱。

第二天,萧颖士到王尚书家里去谢

罪。被人带到王尚书家的厢房,他非常不安地等了好久才见到了王尚书。

王尚书责备他说:"你衣着光鲜亮丽,言行却十分傲慢,你要知道,有才德的君子无论什么时候都是文质彬彬的啊!"

子曰:"知之者不如好之者,好之者不如乐之者。"

译文

孔子说:"懂得它的人,不如爱好它的人;爱好它的人,又不如以它为乐趣的人。"

故事链接

扬雄不再写赋

汉代文学家扬雄出生在成都的一户贫

苦人家,他自幼勤奋好学,博采众长,文采出众。年轻时,扬雄在思想上还很不成熟,他追求时尚、崇拜名家,模仿著名的辞赋作家司马相如写作的风格技巧,开始写赋(一种文学体裁)。后来,他把自己写的《甘泉》等几篇赋献给汉成帝,博得了汉成帝的赏识,汉成帝授予他黄门给事郎的官职。

进入朝廷后,他的思想发生了很大的变化。他最初热衷于写赋,是因为赋不仅词藻华丽,而且能直接递交给皇上,他想通过赋把自己治国安邦的思想传递给皇上。然而,事与愿违,皇上只是欣赏赋中歌功颂德和游山玩水的内容,对于其他内容都无动于衷。这无疑给了扬雄很大的打击。从此以后,扬雄放弃了赋的写作,开始专心致志地研究《易经》《论语》等经典。这使他后来在学术研究上颇有成就,比如他的哲学著作《太玄》《法言》都值得大家研究学习。

后来有人问扬雄,为什么不写赋而从事学术研究。扬雄回答道:"我年轻时喜欢写赋,就像我年轻时喜欢雕刻古代的虫书篆字一样,而现在随着年龄的增长,我对这些微不足道的技能丝毫不感兴趣了。"

子曰:"三人行,必有我师焉。择其善者而从之,其不善者而改之。"

译文

孔子说:"三个人一起走路,其中必定有人可以做我的老师。我选择他好的方面,向他学习;看到他不足的地方就作为借鉴,改正自己的缺点。"

故事链接

孔子与小孩论礼仪

有一次,孔子带着弟子们,乘着车马,正在路上奔驰。

突然,车子停了下来。原来前方有一个小孩子挡住了他们的去路。这个小孩子正在路中央用砖瓦石块垒"城池"呢!

"你这小孩,见了车马过来,还不赶快让开。告诉你,这可是孔夫子的车!"车夫没好气地说道。小孩没有理睬他,继续忙活自己的。

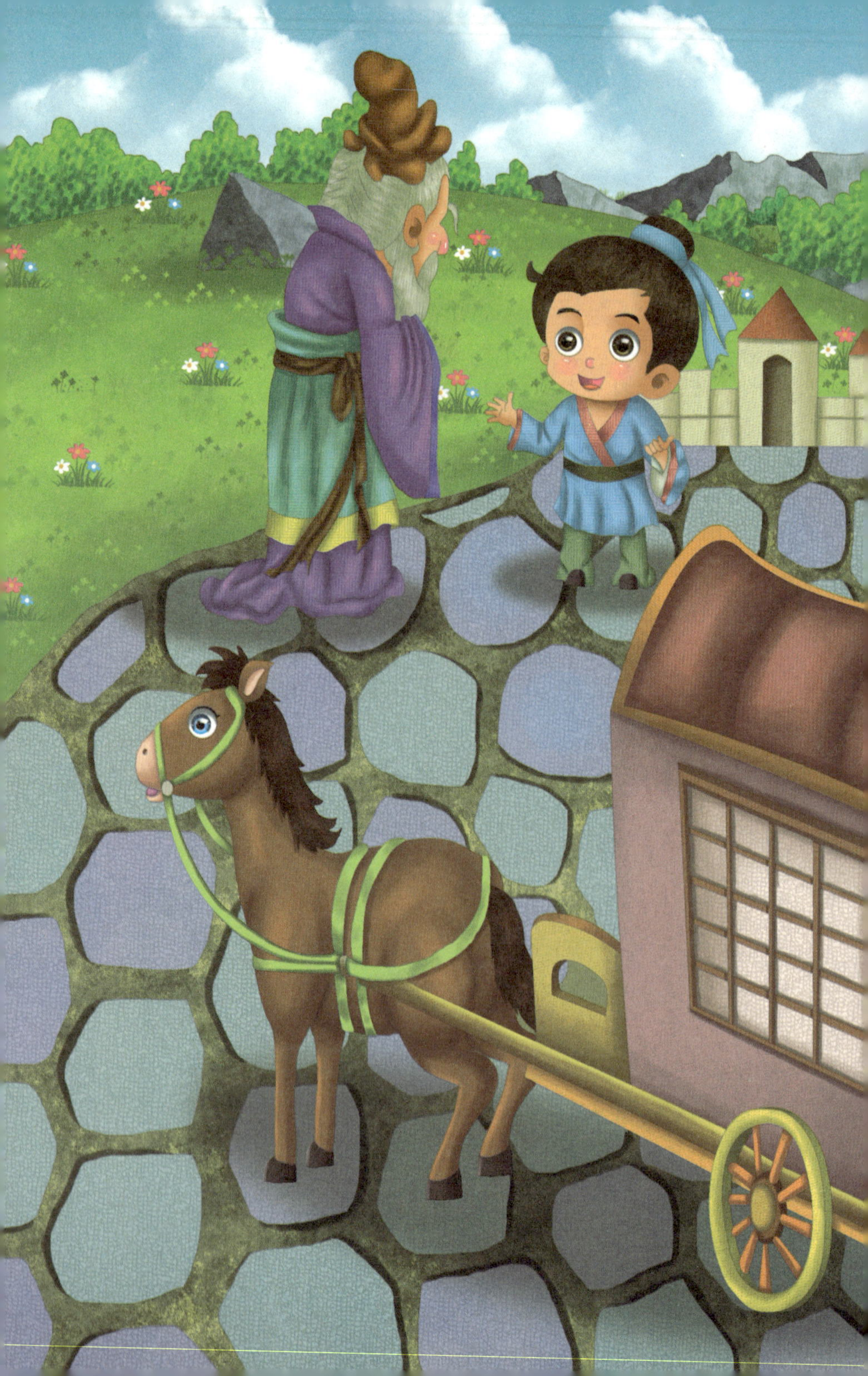

这时,孔子下车走了过来,礼貌有加地和小孩说:"你为什么要在路中间玩耍,请把砖瓦石块搬开,给我们让路可以吗?"

"我正在建城池,恕难从命。"小孩伶俐地答道。

"这是什么城池,不过是小孩子的游戏!"孔子看了一眼"城池",轻轻说道。

"自古以来,只有车绕城而过的,还没有把城池拆了给车让路的。这个国家的人们都说孔夫子是天下最有学问的人。今天看来实在是名不副实啊!"孩子说道。

孔子一时不知如何接话,他想,"确实不能把这孩子摆的城池当成玩具。我这样想,可孩子不这样想啊。我倡导礼仪,没想到让孩子给问住了。"

过了一会儿,孔子想挽回一点颜面,决定考考小孩,结果他提出的几个问题都被这个小孩"秋风扫落叶"般地解决了。

孔子觉得这孩子小小年纪就有渊博的知识,并且能言善辩,连自己也要甘拜下风。

于是,他十分感慨地对弟子们说:"三人行必有我师,治学当不矜不傲,不耻下问。这孩子虽小,却懂礼仪,可以做我的老师了。"

随后,孔子和弟子们绕"城"而去。

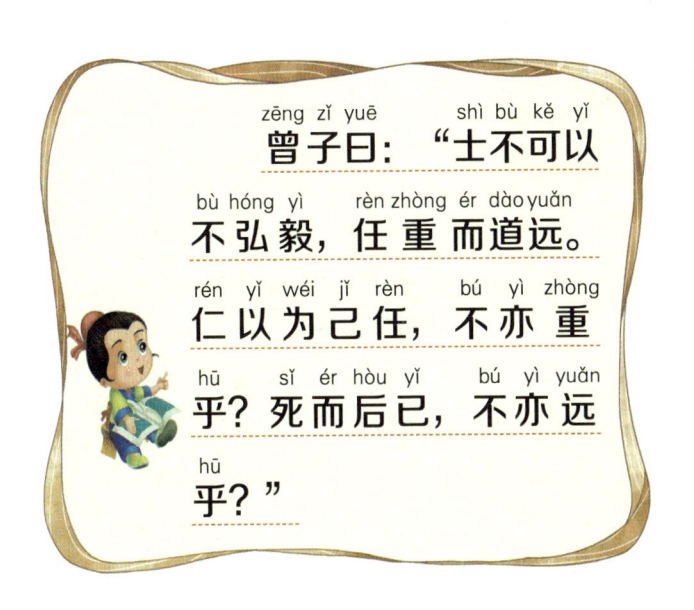

曾子曰："士不可以不弘毅，任重而道远。仁以为己任，不亦重乎？死而后已，不亦远乎？"

译文

曾子说："有担当的人不可以不视野开阔而刚强有毅力，因为他的责任重大，道路遥远。把实现仁作为自己的责任，难道还不重大吗？奋斗终身，死而后已，难道路途还不遥远吗？"

陶侃搬砖

陶侃是东晋时候的著名将领。他原是王敦的部下。后来,陶侃立了战功,做了荆州刺史。有人妒忌他,在王敦面前说他坏话,王敦把他贬到广州做官。

到了广州,陶侃并没有灰心丧气。他每天清晨把一百块砖头从书房里搬到房外;到了晚上,又把这些砖头一趟趟运到房里。人们看到他每天这样做,感到非常奇怪,忍不住问他为什么要这样做。

陶侃严肃地回答说:"我现在虽然身在南方,但我的心里想的是如何收复中原。如果现在就闲散惯了,那么将来国家需要我的时候,还怎么能够担当重任呢?所以,我每天借这个锻炼筋骨。"

后来,东晋朝廷把陶侃提升为征西大将军兼荆州刺史。虽然提升了官职,可陶侃还是一如既往地严格要求自己。荆州衙门里大大小小的事情,他都要亲自过问,从来不放松。他常常对部下说:"尽管大禹是个圣人,可他依然爱惜每一寸光阴。像我们这样的普通人,论智慧和能力,都跟大禹差得很远,所以就更应该珍惜时间,怎么能够贪图安逸呢?如果活着对国家没有贡献,死后没有留下什么好名声,那不是自暴自弃吗?"

有一天,陶侃到郊外去巡视,看见一个过路人一边走,一边随手摘了一把没有成熟的稻穗,拿在手里把玩。陶侃马上命令兵士把这个人捆绑起来,狠狠地训斥了一顿。

人们听说刺史这样爱护庄稼,种田就

更有劲了。荆州也渐渐富裕起来。

陶侃一生带了四十一年兵，由于他执法严明，公正无私，大家都很佩服他。在他管辖的地区，社会秩序井然，真正做到了夜不闭户、路不拾遗！

子绝四——毋意,毋必,毋固,毋我。

译文

孔子要求自己做到下面四点:不凭主观猜疑,不武断绝对,不固执己见,不自以为是。

故事链接

疑邻偷斧

到了冬天,天气冷了,北方的乡下人会

挖地窖,然后把秋天收的土豆、白菜、水果放入地窖储藏起来。藏在地窖里的东西,既不容易被冻坏,还可以保鲜。

有个人在地窖中储存东西的时候,将一把斧头忘在了地窖里。几天以后,他要用斧头,才发现斧头不见了。斧头到哪里去了呢?他到处找,还是没有找到,于是他就怀

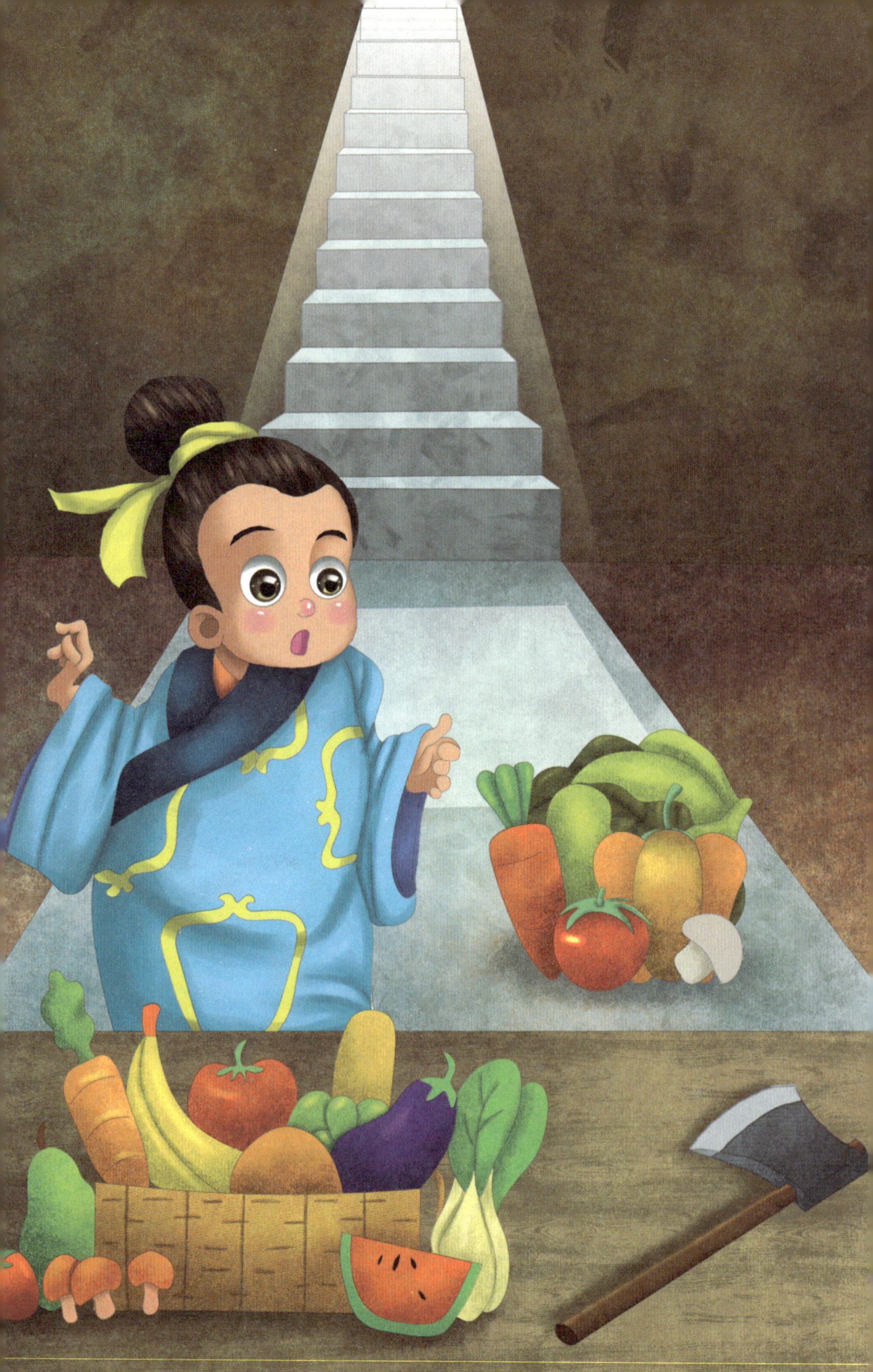

疑是邻居家的儿子偷了他的斧头。

到底是不是邻居家的儿子偷了呢？没有证据不能乱讲。于是，他仔细观察邻居家的儿子。看他那走路的样子，很像是偷斧头的；看他那脸色神情，很像是偷斧头的；听他的言谈话语，也像是偷斧头的。总之越看越像，一举一动都像，就是他偷了斧头！

又过了几天，这个人又到地窖去储存物品。他打开地窖门，下到地窖里，发现那把斧头正躺在地窖里。

到了第二天，这个人再看见邻居家儿子的时候，他的一举一动，一言一行，就连笑的神态，一点儿也不像是偷斧头的样子了。

子在川上曰:"逝者如斯夫,不舍昼夜。"

译文

孔子站在河边说:"消逝的时光就像这河水一样,不分昼夜地向前流去。"

故事链接

匡衡凿壁借光

西汉时,有个叫匡衡的农家孩子。他

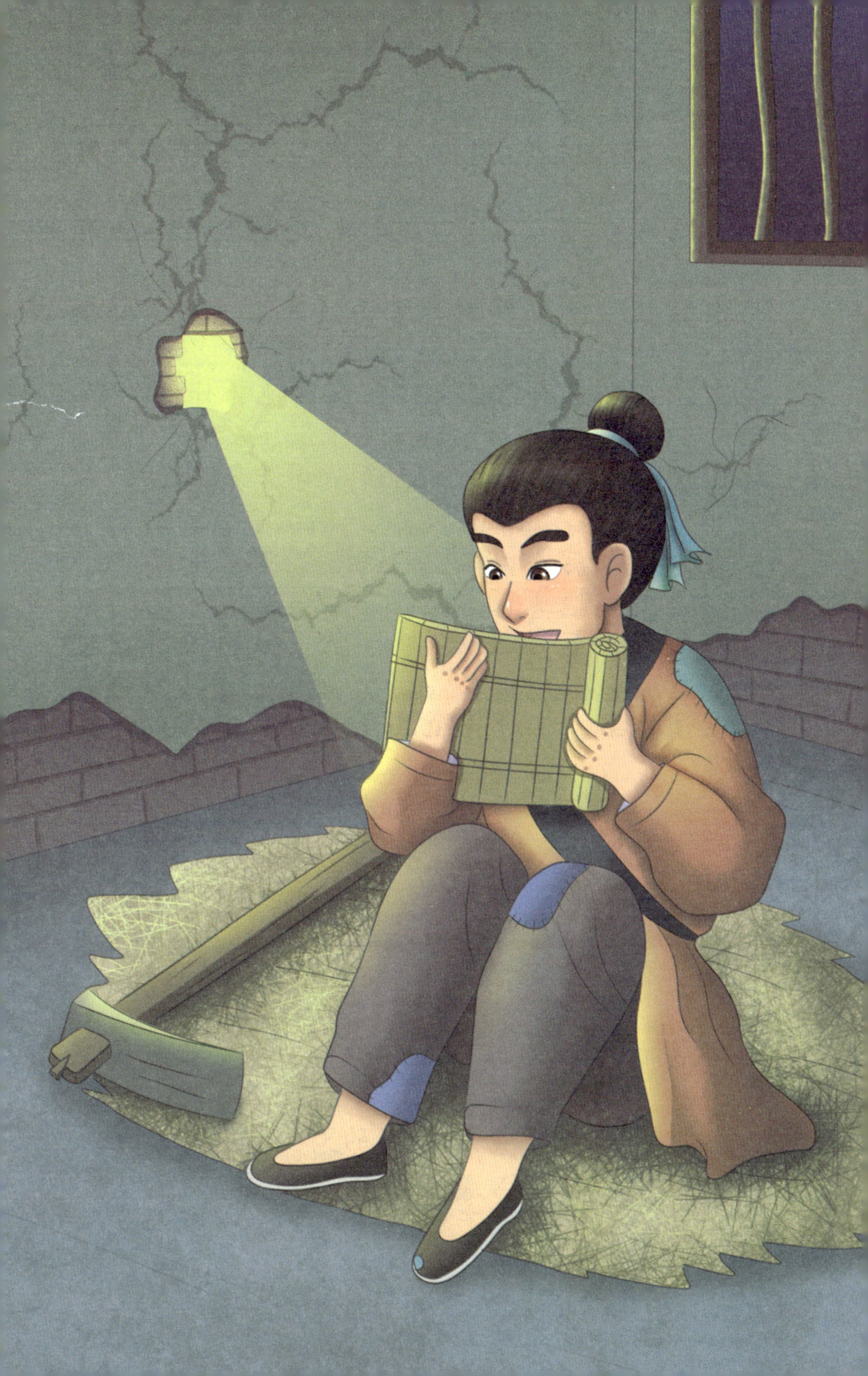

非常喜欢读书,但由于家贫上不起学。

同乡有个大户人家叫文不识,家中有很多书。匡衡就到他家去做雇工,却不要报酬。文不识感到很奇怪,就问他为什么。匡衡说:"我希望能够诵读一遍您家的藏书。"文不识听了深为感慨,就把书借给了他。

因为匡衡白天要干活,就想利用夜晚多读些书,不过,他又没有钱买油点灯,天一黑,就无法看书了。有什么办法可以让自己晚上也能读书呢?为此,匡衡很苦恼。

有一天夜里,匡衡突然看到墙壁上有一点亮光。他走到墙壁边一看,原来从壁缝里透进来的是邻居家的灯光,邻家点灯的房子和他的屋子之间,只隔着一堵墙。于是，匡衡就想了一个办法，在墙缝那儿凿了一个小洞。这样，透进来的光就多了。

从此以后，匡衡每晚就在洞口，借着微弱的光，如饥似渴地读书。

匡衡就是这样刻苦地学习，后来成了一个大学问家。他很会讲解《诗经》，当时儒学之士曾有"无说《诗》，匡鼎来。匡说《诗》，解人颐"之语，是说听匡衡解说《诗经》，能使人眉头舒展，心情舒畅，可见他读《诗经》之精、理解之深。

子贡问:"师与商也孰贤?"子曰:"师也过,商也不及。"曰:"然则师愈与?"子曰:"过犹不及。"

译文

子贡问孔子:"子张和子夏二人谁更好一些呢?"孔子回答说:"子张过了头,子夏还不足。"子贡说:"那么是子张好一些吗?"孔子说:"过头和不足是一样的。"

画蛇添足

楚国有个贵族,在祭祀过祖宗后,把一壶祭酒赏给门客们喝。门客们拿着这壶酒,

不知如何处理。他们觉得,这么多人喝一壶酒,肯定不够,还不干脆给一个人喝,喝得痛痛快快还好些。可是到底给谁好呢?

于是,门客们商量了一个好主意,就是每个人各自在地上画一条蛇,谁先画好这壶酒就归谁喝。大家都同意这个办法。

门客们一人拿一根小棍,开始在地上画蛇。有一个人画得很快,不一会儿,他就把蛇画好了,于是他把酒壶拿了过来。正待他要喝酒时,他一眼瞅见其他人还没把蛇画完,他便十分得意地又拿起小棍,自言自语地说:"看我再来给蛇添上几只脚,他们也未必画完。"他边说边给画好的蛇画脚。

不料，这个人给蛇画脚还没完，手中的酒壶便被旁边的一个人一把抢了过去。

原来，那个人的蛇画完了。这个给蛇画脚的人不同意，说："我最先画完蛇，酒应归我喝！"那个人笑着说："你到现在还在画，而我已完工，酒当然是我的！"画蛇脚的人争辩说："我早就画完了，现在是趁时间还早，不过是给蛇添几只脚而已。"那人说："蛇本来就没有脚，你要给它添几只脚那你就添吧，酒反正你是喝不成了！"

那人毫不客气地喝起酒来，那个给蛇画脚的人只能眼巴巴看着，后悔不已。

子曰:"己所不欲,勿施于人。在邦无怨,在家无怨。"

译文

孔子说:"自己不想做的事就不要强加给别人。这样在官府里做事就不会招致怨恨,在家里办事也无人怨恨。"

故事链接

宋就以德报怨

春秋战国时期,在魏国和楚国的边界处,居住着两国的边民,他们都在种瓜。

这一年春天,两国的边民又都种下了瓜种。但是由于天气干旱,瓜苗长得很慢。魏国的百姓担心这样下去会影响收成,所以每天晚上挑水到地里浇瓜。连续浇灌了几天,魏国边民瓜地里的瓜苗长势明显好起来了,比楚国边民种的瓜苗要高不少。

楚国县令因为魏国的瓜苗长得比自己

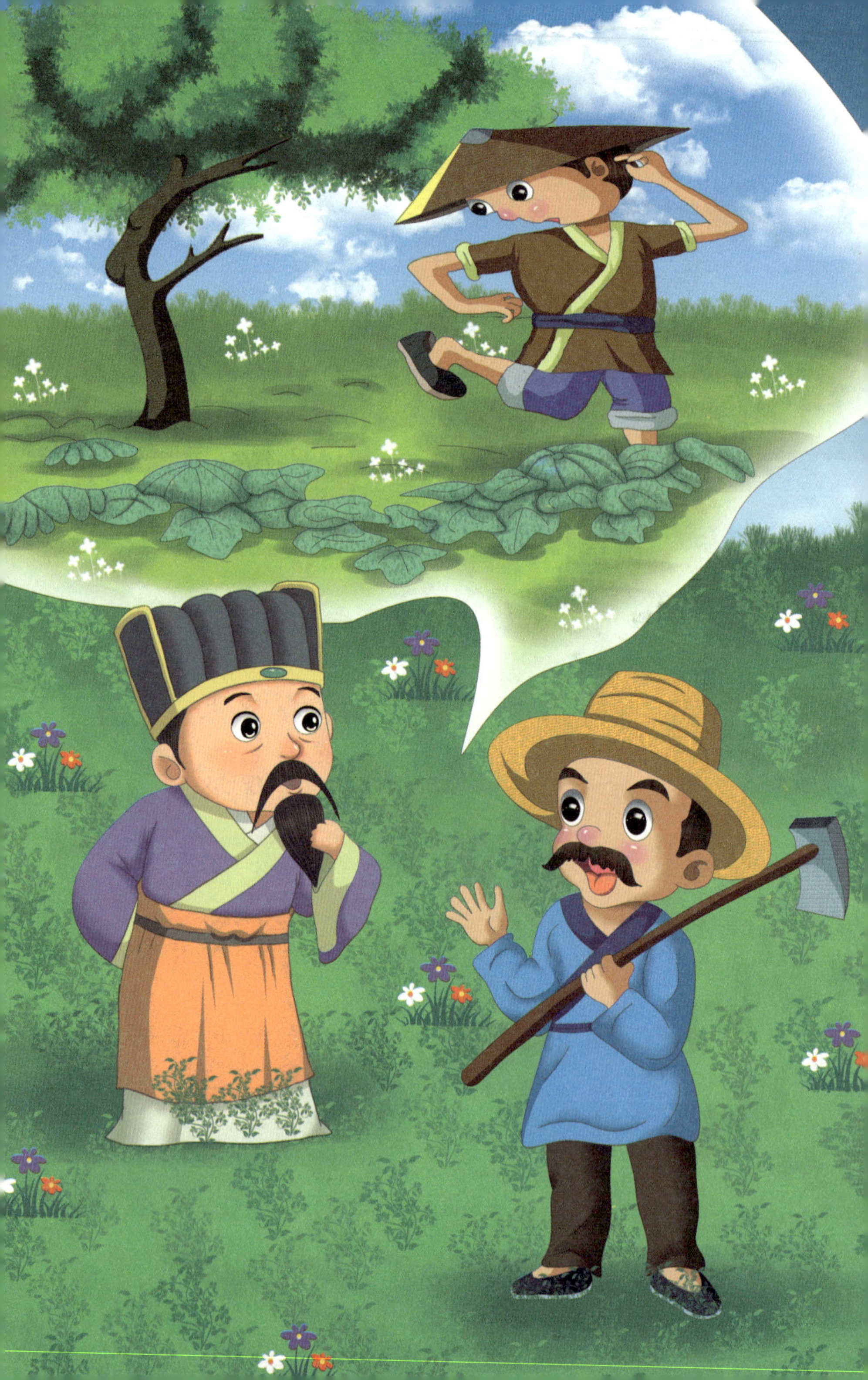

的好，便责骂楚国百姓。楚国边民妒忌魏国边民的瓜苗长得好，于是夜晚偷偷潜到魏国村民的瓜地里去踩瓜秧。这样一来，魏国瓜田里的瓜苗都死了。

魏国的边民知道后，就去找县令宋就，请求他带着魏国百姓去踩楚国瓜田里的瓜秧作为报复。宋就听后，说："这怎么可以呢？结下了仇怨，是惹祸的根苗呀。人家使坏你也跟着使坏，我们的心胸怎能如此狭小啊！古人说'己所不欲，勿施于人'，我看，你们最好不要去踩他们的瓜地。"

村民们早就气愤到了极点，因此根本听不进去，纷纷嚷道："难道我们还怕楚人不成吗？为什么让他们欺负我们呀？"宋就摇摇头,耐心地说:"如果你们一定要去报复,顶多可以排解心中的怨恨,可是,以后怎么办呢?楚人见瓜田被破坏,自然也不会善罢甘休,如此下去,双方互相破坏,谁都不会得到好处。"村民们皱紧眉头,问道:"那我们该怎么办呢?"宋就回答说:"我教给你们一个办法,一定要每晚都派人过去,在夜里偷偷地浇灌楚国的瓜田,不要让他们知道。结果怎样,你们自己会看到的。"

村民们听罢,只好依照宋就的意思去做,每天夜间偷偷地去浇灌楚国的瓜田。楚国边民早晨去瓜田巡视,发现瓜田都已经浇过水了,而且瓜也一天比一天长得好了。楚人觉得奇怪,不知道是谁做的。于是在夜里

偷偷观察，才知道是魏国百姓所为。楚国的村民都惭愧得无地自容。

楚国县令听说了这件事，心里很高兴，就详细地把此事报告给楚王。楚王听后，对魏人的做法感到敬佩，也对楚人的行为感到惭愧，于是派人拿着丰厚的礼物，向宋就表示歉意，并请求与魏王结交。从此以后，魏、楚两国的关系比以前好了许多。

子曰:"无欲速,无见小利。欲速,则不达;见小利,则大事不成。"

译文

孔子说:"不能图快,不能只顾小利。图快反而达不到目的,只顾小利反而办不成大事。"

故事链接

拔苗助长

宋国有一个农夫,天天扛着锄头去田里劳动。可是,一天、两天、三天,禾苗好像一点儿也没有长。他焦急地自言自语:"我每天面朝黄土背朝天,可这庄稼太不解人意了,看来得想办法帮助它们生长。"

一天,他在田边休息,突然脑子里蹦出一个主意,急忙跑到田里,把禾苗一棵棵拔出来一些。他从早上一直忙到太阳落山。

他回到家里,气喘吁吁地说:"今天可把我累坏了,力气总算没白费,我帮禾苗都长高了这么多。"他边说边比划着。

他的儿子听了,大吃一惊,急忙跑到田里一看,禾苗全都枯死了。

这个成语比喻不顾事物的发展规律,强求速成,反而把事情弄糟。愚蠢的宋国农夫不懂得这个道理,急功近利,结果落得一个相反的下场。

子曰:"君子和而不同,小人同而不和。"

译文

孔子说:"君子讲求和谐而不同流合污,小人同流合污,而不讲求和谐。"

故事链接

晏婴谏齐景公

春秋时期,齐国的齐景公宠爱大臣梁丘据。有一天,齐景公对宰相晏婴说:"你也看看人家丘据,他跟我那才叫和谐!"

晏婴反问道:"你们怎么和谐呢?"

齐景公说:"我说什么,丘据也说什么,他从来不会反对我,这不就是他跟我非常和谐吗?"

晏婴说:"那你可错了,梁丘据跟您那叫'同',而不叫'和'。"

齐景公不解地问:"'同'与'和'有区别吗?还不是一样的!"

晏婴回答说:"当然不一样了,'和'就像是做得美味可口的肉羹,酱、醋、盐、糖等各种调料和鱼肉搭配得恰到好处,各种味道相得益彰,君子吃了,既感可口,又补益身体,这才是'和'。国君与臣子

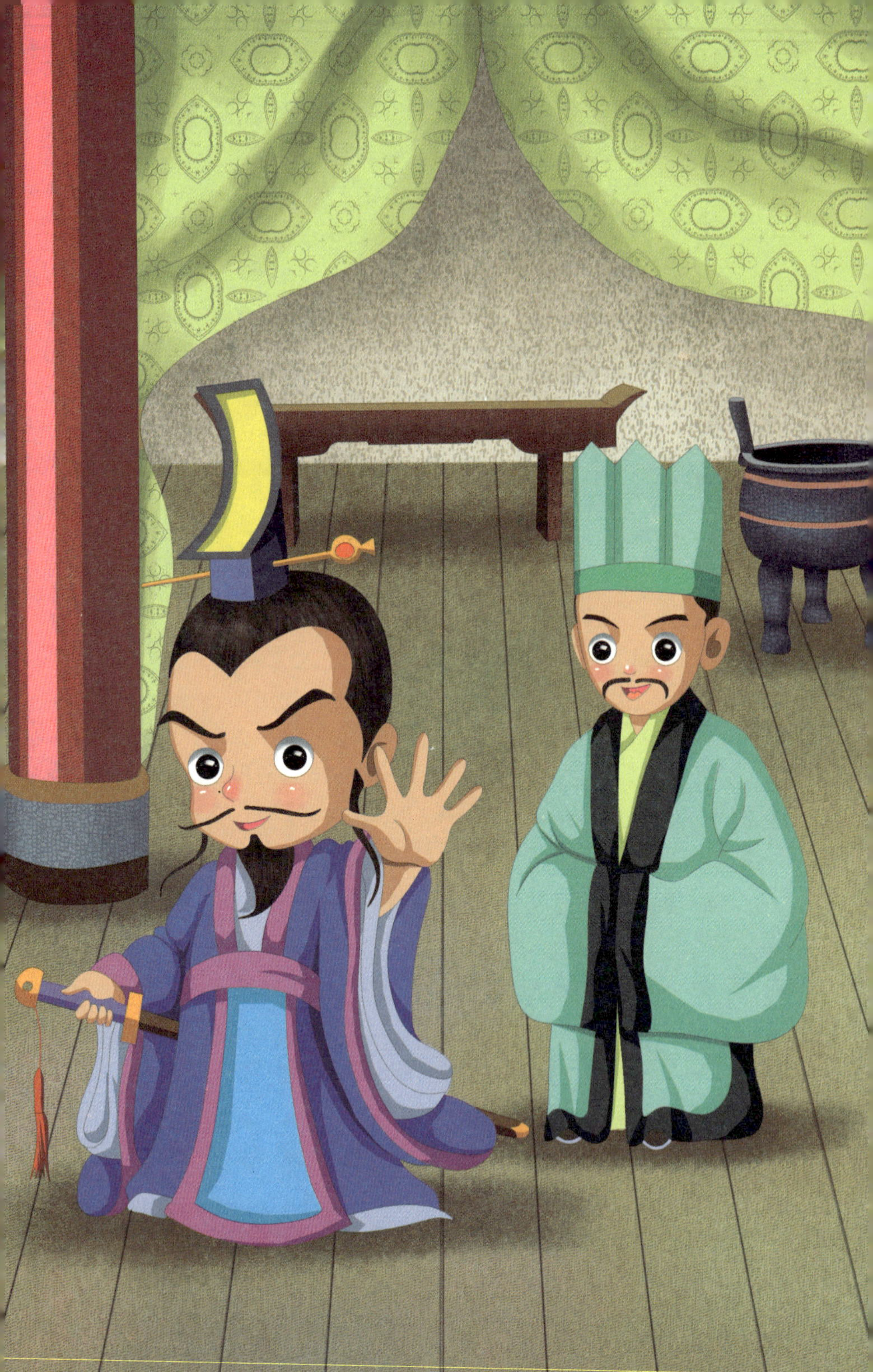

的关系也应该像这样。而梁丘据却不是这样,他只是一味地附和你,迎合你,他和你的关系就像做饭时,往已经添满水的汤里再加上水,这样做出的汤又怎么会美味可口呢?再比如说,他的做法就像弹琴时只弹一个音调,谁愿意听呢?他的这种做法就是'同'。君子和而不同,小人同而不和。和就像五音、五味,只有不同,才能相得益彰。而完全相同,还要臣子干什么?"

或曰:"以德报怨,何如?"子曰:"何以报德?以直报怨,以德报德。"

译文

有人说:"用恩德来报答怨恨,怎么样?"孔子说:"那又怎样报答恩德呢?应该是用正直来报答怨恨,用恩德来报答恩德。"

故事链接

王烈送布

三国时期，魏国有个叫做王烈的读书人，他品德高尚，在当地德望很高。

乡里有一个人偷了别人的一头牛，被失主捉住。盗牛人说："我一时鬼迷心窍，偷了你的牛，随便你怎样处罚都行，只求你不要让王烈知道。我怕他看不起我。"有人把这件事告诉王烈，王烈托人赠给盗牛人一匹布。

有人问王烈："你为什么送布给一个做

贼的人?"

王烈说:"他虽然做了贼,却怕被我知道,这说明他有羞耻之心。我送布给他是激励他改过自新,重新做人。"

一年后,有一天,一位老人挑着重担艰难地赶路,途中遇见一个人,路人对他说:"您年纪大了,我来替您挑吧。"这个人帮老人挑着担子,走了数十里,到了老人家门口,把担子放下,转身就走。老人打听到

这个人就是他们乡里偷过牛的那个人。

后来又有一天,一位旅客在赶路时丢失了钱包,他沿着来路寻找,找了好久都没有找到。后来,碰到一个捡了他钱包的人坐在路边等待。那个人把钱包归还给了他,并且不要酬金,旅客十分感动,拉住他的手说:"你真是个仁人君子啊,一定要把姓名告诉我。"

那人只好把自己的姓名告诉了旅客。旅客心想,这地方有这样一个好心人,应当让这儿最有名望的人知道。后来,王烈听说了这件事,他一听做好事者的姓名,得知原来就是从前那个盗牛人。

于是,他高兴地去见那个盗牛人,当面

赞扬了他。那人说："当年你送布给我,对我是个莫大的激励,我只有做个有德之人,才对得起你对我的一片好心啊!"

子贡问曰:"有一言而可以终身行之者乎?"子曰:"其恕乎!己所不欲,勿施于人。"

译文

子贡问孔子道:"有没有一个字可以终身奉行的呢?"孔子回答说:"那就是'恕'吧!自己不愿意的,不要强加给别人。"

曹操烧信恕部下

官渡之战，曹操节节胜利，袁军节节败退，逃跑时十分狼狈，连书信、车帐、金帛等都没来得及带上。

战斗结束后，曹军开始清理战利品，忽然发现了一大捆信件。一个官员打开一看，顿时惊出了一身冷汗。这些书信居然都是自己军营中的人写给袁绍的。这个官员意识到了事情的严重性，急忙抱着信件跑到了曹操那里，向他汇报说："丞相，袁绍仓

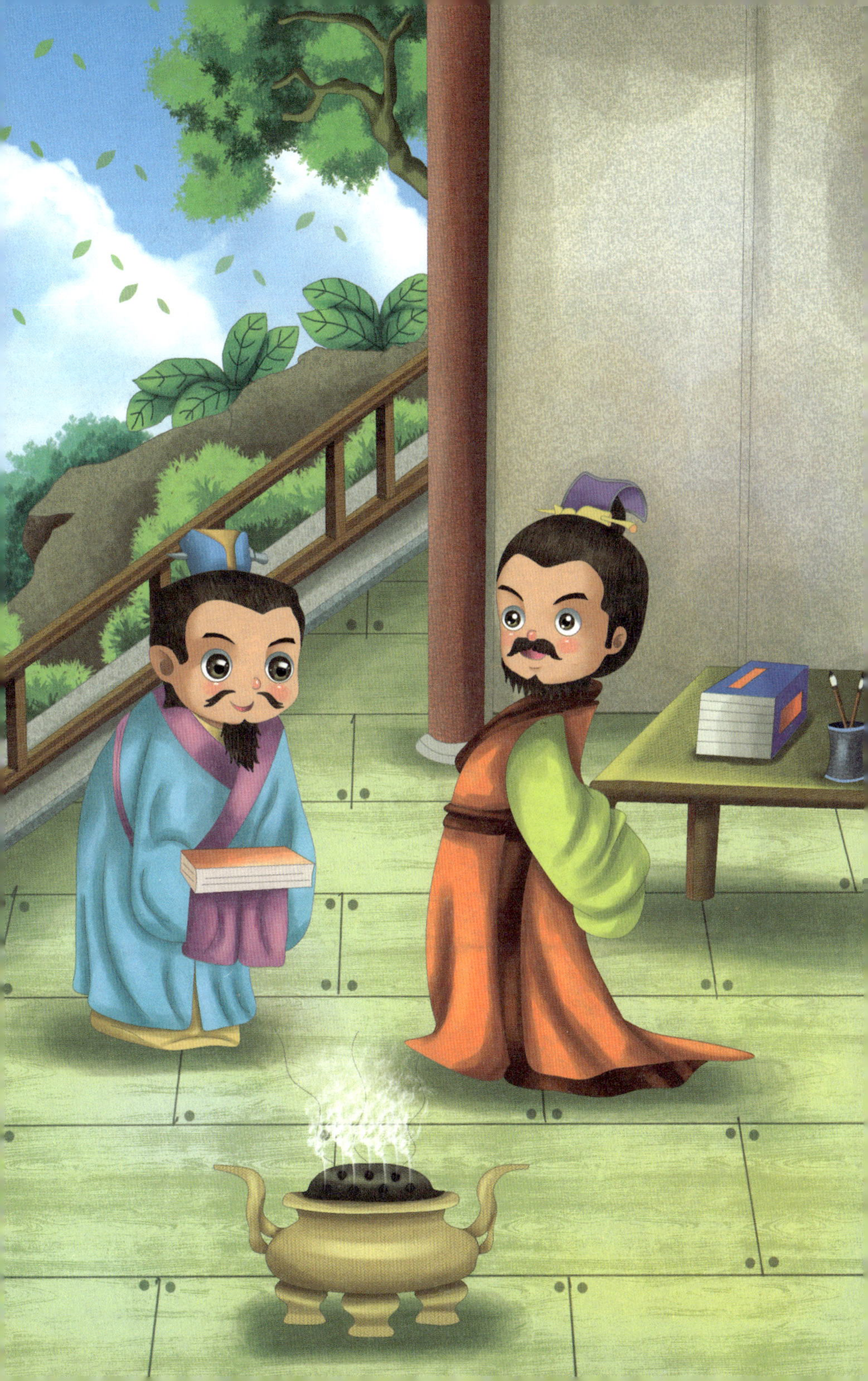

皇逃跑的时候,扔下了不少东西。属下在清理的时候,发现了一捆信件,都是我们军营中的一些人暗地里写给他的。"

曹操听后,随便抽出几封信来看了看,信里大都是吹捧袁绍的,有的还表示要离开曹营投奔他。那个抱着信的官员向曹操建议说:"这还了得!丞相应该把他们抓起来治罪。"曹操微微一笑,说:"去把这些信统统烧掉吧。"那个官员愣住了,一时没反应过来，轻声问道："依丞相的意思就不查了？"曹操回答说："不查了。当时袁绍确实比我强很多啊！连我都感到不能自保，怎么能怪大家有这样的想法呢？"根据曹操的命令，信全部被烧光了。

那些暗通袁绍的人听说信被烧了以后，被曹操的宽容深深地感动了，感到十分惭愧。从此以后，这些人都对曹操忠心耿耿，为曹操立下了汗马功劳。

子曰:"君子耻其言而过其行。"

译文

孔子说:"君子认为说得多而做得少是可耻的。"

故事链接

纸上谈兵

赵括是战国时期赵国大将赵奢的儿子,

他从小熟读兵书，甚至能把兵书中的内容大段大段地背出来。有时，连赵奢也辩论不过他。日子长了，赵括就开始自以为是，常常在各种场合高谈军事，引经据典，头头是道，认为如果自己领兵打仗，一定可以天下无敌。

公元前262年，秦国派兵攻打赵国，此时赵奢已经去世了，赵王不得已，只得派出了年事已高的老将军廉颇。廉颇很认真地分析了敌我双方的情况，在长平采取了筑营坚守不出的方针策略。秦军远道而来，只求速战速决，对于坚守不出的策略，他们毫无办法，也拖不起。

于是，秦军绞尽脑汁想叫赵国换掉廉

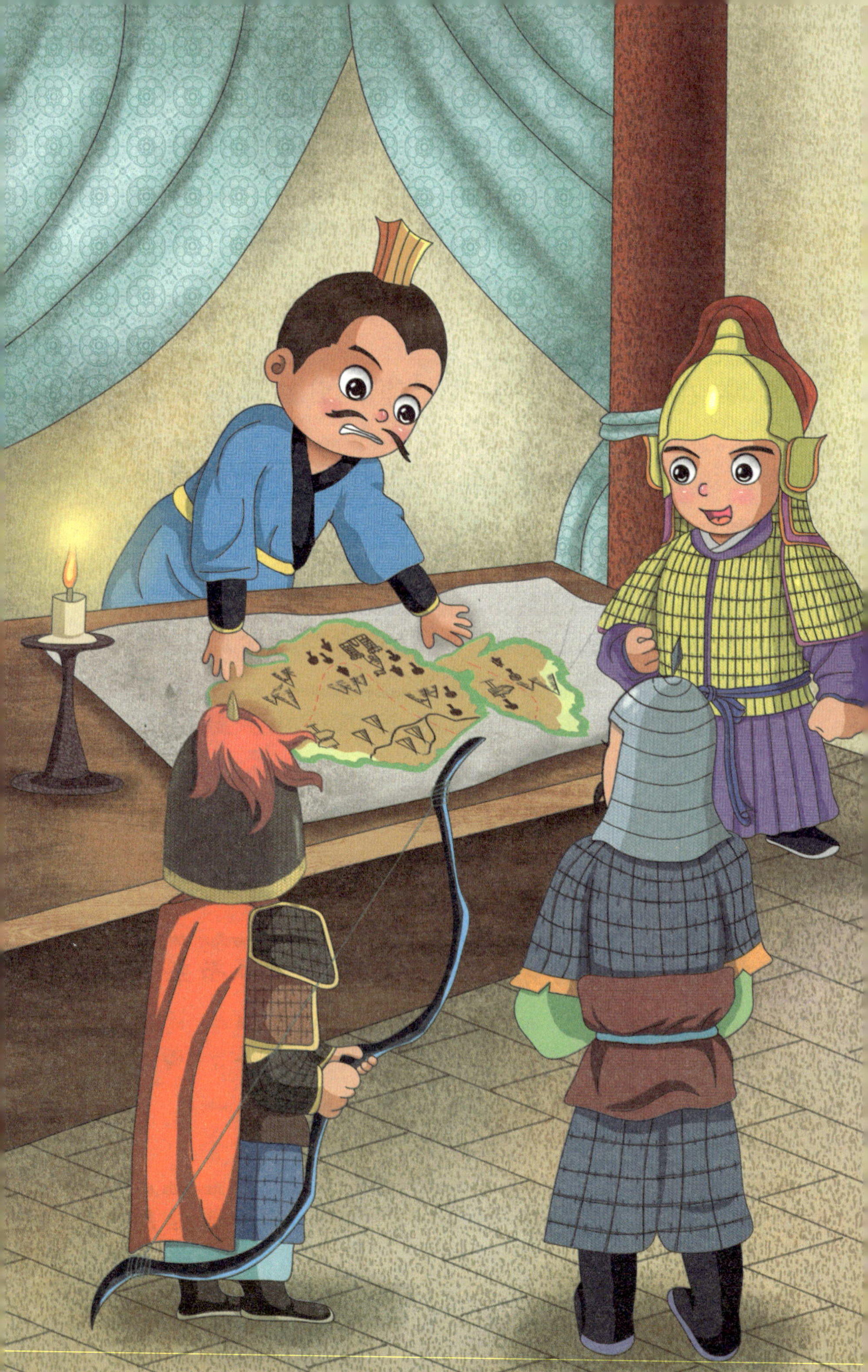

颇，便施了一个反间计，派间谍到赵国四处散布谣言，说秦军别人都不怕，只怕赵括。赵王听信了谣言，叫人把赵括找来，问他能不能打败秦军。赵括说："秦国的大将白起比较难对付。但是王龁没有什么了不起的，他只不过是廉颇的对手。要是换上我，打败他轻而易举。"

赵王听了很高兴，不顾正在病中的蔺相如的劝谏和赵括母亲的极力反对，执意用赵括替换了廉颇。

赵括自以为很懂兵法，很懂打仗，所以一到长平，就死搬书上的条文，推翻了廉颇的策略，撤换了一批善于作战的兵将，决定大举进攻秦军。

秦将白起得到情报,一面派兵切断了他们的粮草通道,一面用重兵设下埋伏,将赵军团团围住。赵军被围困了四十多天,粮草断绝,军心涣散,突围四次失败后,赵括孤注一掷,亲领赵军精锐强行突围,结果再遭惨败,赵括本人也中箭身亡。赵军失去主帅,又身心疲惫,便放弃抵抗,白起怕赵军日后反叛,只让年少体弱的二百四十人归赵,其余赵军全部被他坑杀于长平。

子贡问为仁。子曰:"工欲善其事,必先利其器。居是邦也,事其大夫之贤者,友其士之仁者。"

译文

子贡问怎么施行仁德。孔子说:"做工的人想把活儿做好,必须首先使他的工具锋利。住在这个国家,就要侍奉大夫中那些贤能的人,与士人中有仁德的人交朋友。"

磨刀不误砍柴工

古时候有两个樵夫,一个叫张三,一个叫李四,他们一起上山砍柴。

张三想:多砍一捆就多一份收入,我明天可要起个早,在天亮之前抵达。李四想:我得把柴刀磨快,明天把磨刀石带上山,中午休息时再磨磨刀,今晚早点睡,明

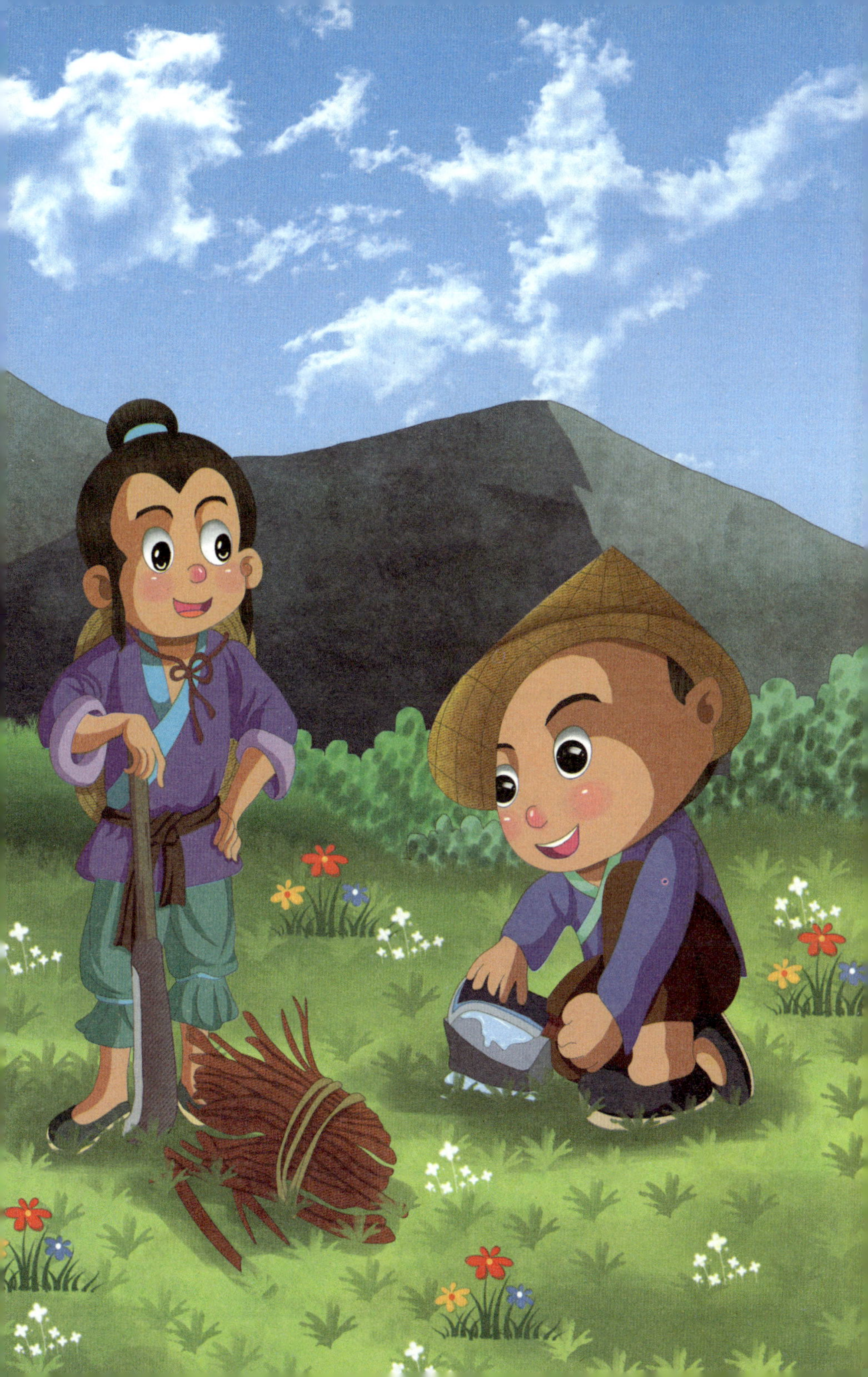

早起来吃饱饭,这样砍起柴来才有力气。

第二天,张三比李四先到山上。他一开始就使尽浑身力气干活,一刻也不敢歇息。李四虽然上山较晚,砍柴的速度却很快,不一会儿,就追上了张三的进度。

到了中午,李四停了下来磨刀。他向张三建议:"你也休息一会儿吧,把柴刀磨一磨,再继续砍也不迟。"

张三拒绝了李四的建议,心想:我才不想浪费时间。趁着你休息的时候,我还可以抓紧时间多砍几捆柴呢。

可张三没想到,一天下来,他筋疲力尽,越砍越慢,结果砍的柴比李四的少很多,他百思不得其解,想不通为什么自己那么努力，却没有李四砍的多。他忍不住问道："我一直很努力地工作，连休息的时间也没有。为什么你砍的比我还多呢？"

李四看着他笑道："砍柴除了技术和力气，更重要的是我们手中的柴刀。刀锋锋利，砍起柴来又快又省力。我磨刀多，所以砍的柴就多。而你不磨刀，柴刀只会越砍越钝，你当然砍柴就越来越慢，还费了比我多的力气呢。"

子曰:"人无远虑,必有近忧。"

译文

孔子说:"一个人没有长远的思虑,一定会有眼前的忧患。"

故事链接

螳螂捕蝉,黄雀在后

春秋时期,吴王夫差是个胸无玄机、

智力平庸的人,他不听伍子胥忠言劝谏,把宿敌越王勾践释放回国,又北伐齐国。夫差的种种行为使太子友深感忧虑。

一天,太子友手拿弹弓,浑身湿透,狼狈不堪地跑来见夫差。夫差见状惊诧非常,急忙询问原因。太子友说:"清晨我到后花园,听秋蝉在树枝上得意地鸣叫,正当蝉鸣叫得高兴的时候,一只螳螂却聚精会神地拉开架式,准备捕捉秋蝉。而此时,螳螂压根也没想到,一只机灵的黄雀正平心静气,两只闪亮的眼睛一刻也没有离开螳螂。黄雀专心致志地想吃到螳螂,正好我在一旁,马上拉开弹弓,集中精力瞄准。因为只顾黄雀,没提防脚下,结果

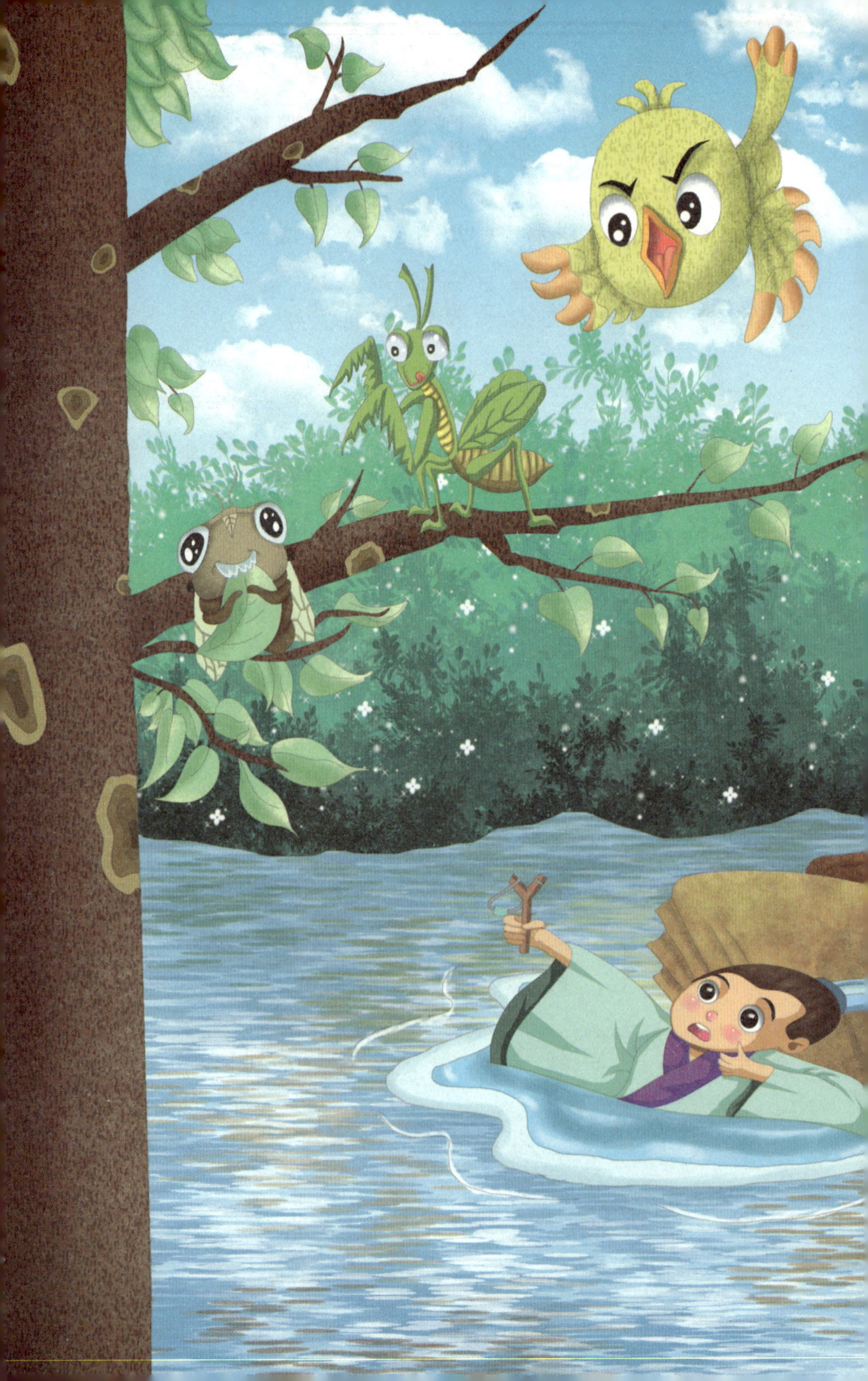

一下子跌到了大水坑里,弄成现在这副样子。"

夫差听完太子友的叙述,似有所悟,他说:"看来这是因为你贪图近利,不考虑后患。瞻前而不顾后是天下最愚蠢的行为啊。"

太子友连忙接着吴王的话说:"天下最愚蠢的事,恐怕没有比这更厉害的了吧?当初齐国无缘无故去攻打鲁国,集中军队倾巢而出,自以为可以占有鲁国,没想到我们吴国正动员所有兵力,长途远征齐国,齐军惨败。眼看吴国可以吞并齐国了,岂料越国正在整顿军队,挑选那些愿战死沙场的勇士,由三江杀入五湖,挥师北上,一心要捣毁我们吴国,报当年越王受辱之仇。"

听到此处,夫差全明白了。他大怒道:"你再多嘴,我就废掉你!"太子友悻悻然地退了出去。

果然,几年之后,吴王夫差为了扬盟主之威,率领大军北上远征。可是,由于大队人马连续二十天的急行军已经疲惫不堪,成强弩之末之势,根本不能再战了。而此时,越王勾践,向吴国发动突袭。夫差赶忙回军救援,结果,反遭越军包围,吴军不堪一击,一战即败。最终,吴国都城沦陷,吴王无路可逃,只好自杀。

很显然,越国灭掉吴国,正是螳螂捕蝉,不知黄雀在后,结果是黄雀吃掉了螳螂。

子曰:"巧言乱德。小不忍则乱大谋。"

译文

孔子说:"花言巧语就会败坏人的德行,小事情不忍耐,就会败坏大事情。"

故事链接

范雎远交近攻

赵国因为将相和睦,使秦国不敢侵犯。秦国便把矛头指向其他国家。到了公元前

270年，秦国派兵攻打远离秦国的齐国。正在这时，有人向秦昭襄王推荐了一个人，叫范雎。范雎是魏国人，才高八斗，能言善辩，但家境贫寒，在魏国大夫须贾府里当门客。有一回，魏昭王要与齐国结盟，派遣须贾出使齐国。须贾带着范雎一起去了。齐襄王听说范雎很有才能，便想与他交好，特意叫手下人赏赐范雎很多

黄金以及佳肴美酒。范雎想到自己只是随员身份，不配接受这份厚礼，不肯接受。有人把这件事告诉了须贾。须贾出使任务没完成，又看到范雎被赏赐，觉得自己在齐王眼里还不如随从范雎，心里很不高兴。

几天后，须贾率随员回到魏国，为了推卸责任，就向相国公子魏齐告发范雎私下向齐国透露情报。魏齐立即派人把范雎抓起来，严刑拷问，几次把范雎打得昏死过去。范雎的牙齿被打掉了，肋骨也被打折了，浑身上下皮开肉绽。范雎只好直挺挺地一动不动,假装已经被打死。魏齐以为范雎死了,派人把范雎用破席卷起来扔到了厕所里。天黑后,范雎才从席子里爬出来。

郑国的郑安平与范雎有很深的交往,他钦佩范雎是个难得的人才,暗地里把范雎救了下来,连夜帮他逃出魏国,改名张禄。

后来,秦昭襄王派使臣王稽访求贤士,郑安平扮作士兵模样服侍王稽,找机会向王稽推荐了张禄。经过交谈,王稽觉得张禄的确是个难得的人才,便设法把张禄带到秦都咸阳。

秦王非常恭敬地请范雎(张禄)进

宫,虚心求教。范雎(张禄)分析了各国的情况,主张对于远离秦国的国家,要采取联合的策略;对于邻近秦国的国家,采取进攻的策略。因为攻打遥远的国家,即使打胜了,也不好管理;而攻占了邻近的国家,那么这个国家的土地,都是自己的了。

秦昭襄王听后大加赞赏,立刻拜范雎(张禄)为客卿,过了几年,正式拜他为秦国宰相。

子曰:"过而不改,是谓过矣。"

译文

孔子说:"有了过错而不改正,这才真叫错了。"

故事链接

知错能改的唐太宗

贞观五年(631年),有一个名叫李好德的人,因为胡乱说了些针砭时弊的言辞而被抓了起来。唐太宗得知以后，下令彻查此案。当时，负责审理这个案件的是大理寺，大理寺的主管官员名叫张蕴古。经过审理这个案件，张蕴古最后得出了一个结论：李好德神经不正常。这件案子证据确凿，没有什么疑问了。于是，张蕴古依据当时法律，宣判李好德无罪释放。

就在这时，有个官员站了出来，他指出这个案子的疑点：张蕴古的老家在相州，而疑犯李好德的兄长恰好是相州的父母官。所以,这名官员认为张蕴古是在包庇李好德,替李好德开脱罪名。

李世民听到这名官员的禀告,非常愤怒,因为他最痛恨的就是臣下结党营私,于是问都不问,直接下令将张蕴古处斩。尽管事后李世民对自己的草率行为感到后悔,但这件事还是造成了恶劣的后果,那就是它直接影响了一段时期内法官判案的态度。

过了一段时间,唐太宗发现了这一问题,于是把大理寺卿刘德威召来,向他询问道:"为什么近来执行法律时比较严厉?"

刘德威回答说:"责任在皇上啊。君主喜欢刑法宽松,那么刑法就会宽松;君主喜欢刑法严峻,那么刑法就会严峻。依照法律的规定,犯人有罪而主审官吏没有给予相应的处罚,那么主审官吏也要处以该刑名减三等的处罚;犯人有罪而主审官吏减轻对他的处罚,那么法官也要被处以该刑名减五等的处罚。司法官吏只要不给犯人定罪,那么他就不会受到惩罚,而减免刑罚的搞不好自己也要获罪了。所以,现在的司法官吏为求自保,遇到较轻的案件就很难给犯人减免处罚,因此法官们都争着审判严重的案件。这就是因为执法官怕自己受牵连啊。"

李世民听罢,意识到自己所犯的过错,因此下令尚德缓刑,贞观朝的刑狱案件也越来越少了。

子曰:"道不同,不相为谋。"

译文

孔子说:"主张不同,不互相谋划。"

故事链接

管宁割席

三国的管宁和华歆是一对非常要好的朋友。他俩成天形影不离,就连吃饭睡觉都在一起。有一天,一位达官贵人乘车从学堂门前经过,声势非常浩大。这时,管宁和华歆两人

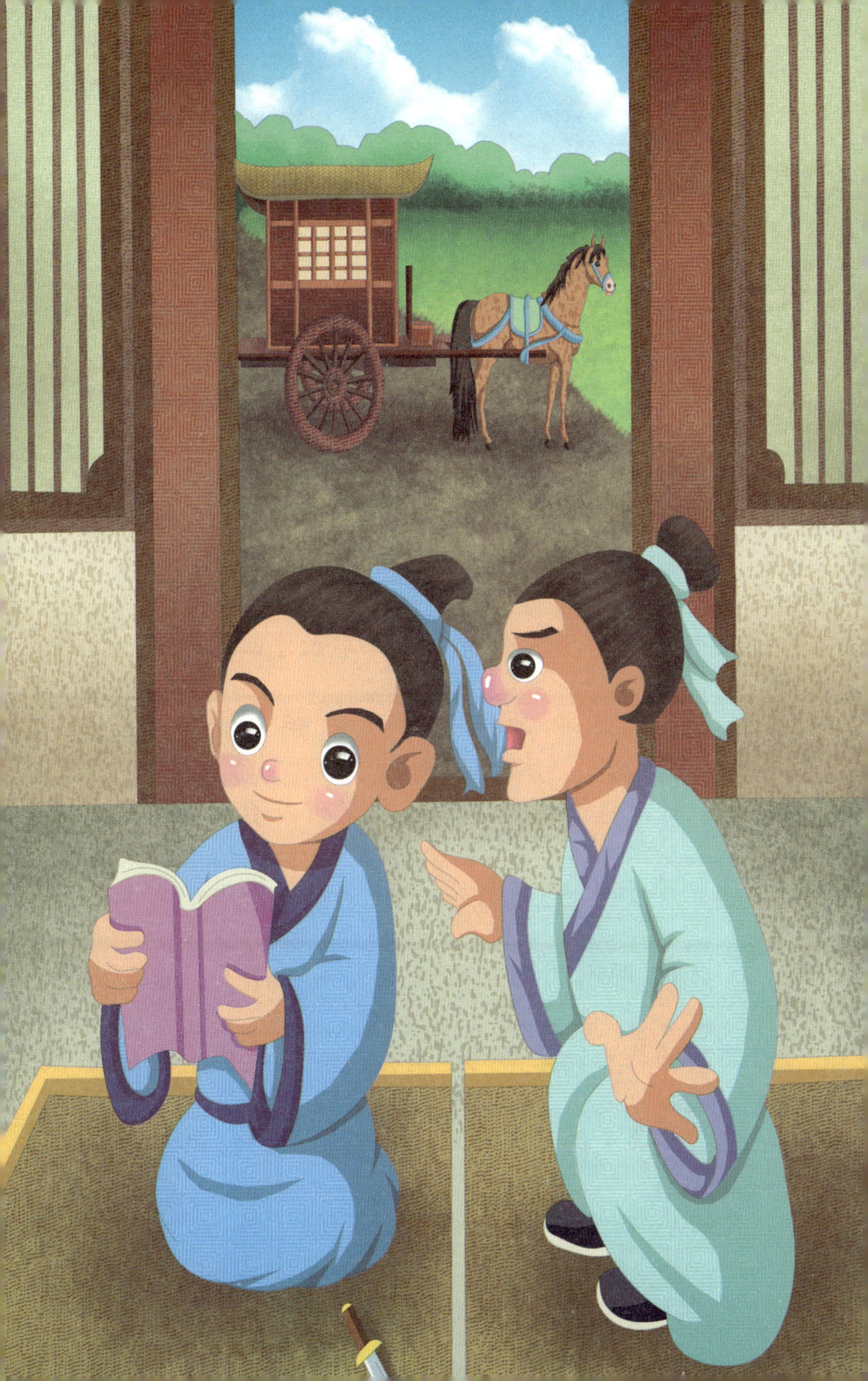

正坐在一张席子上读书,被窗外的喧闹声所惊扰。华歆心想:一定是有什么新鲜事情发生了!于是拉起管宁走到窗前去看个究竟。当华歆看到了街市上豪华的车队时,再也没有心思读书了。他不顾管宁的劝阻,一溜烟地跑到了大街上。而管宁却悄悄地回到了坐席上,继续读起书来。等车队渐渐远去,华歆才回到学堂。他一进门就兴冲冲地想给管宁讲讲他的所见所闻。还没等他开口,管宁就拿出刀子当着华歆的面把席子从中间割成两半,痛心而决绝地说:"我们两人的志向和情趣太不一样了,你喜欢热闹的街市、豪华的车马;而我喜欢的是安静的学堂和优美的诗文。从今以后,我们就像这被割开的草席一样,不要再做朋友了。"

子曰:"性相近也,习相远也。"

译文

孔子说:"人的本性是相近的,由于所处的环境不同才使彼此有了差别。"

秀才与铁匠的儿子

明朝初期,有一位乡下的秀才想到省城去参加科举考试。偏偏在这个时候,他的妻子马上要生产了。秀才心想：留妻子一个人在家，万一要是临盆生产，没人照应可能会一尸两命，再者也影响自己考试的心情，于是便决定带着妻子同行，希望能到省城之后才生产。

一路旅途劳顿，秀才的妻子竟然在半路肚子就痛起来，眼看就要生产了。正好找到一处人家，秀才急忙上前敲门。这户人家以打铁为生，刚巧铁匠的老婆也马上要生产了。于是，两个孕妇一同在屋子里等待生产。

过不多时，几乎在同一时间，秀才的妻子和铁匠的妻子都平安生下了孩子，而且都是男孩。接生婆给两个小婴儿穿上了一样

的衣服,后来他们竟把两个孩子弄混了。几天之后,秀才夫妇离开铁匠家,可最终抱走的是铁匠的儿子,但他们毫不知情。

一转眼十八年过去了,秀才和铁匠的儿

子都长大成人了。铁匠的儿子在秀才的熏陶下，从小饱读诗书，长大后金榜题名，做了官。

一天，老秀才回想当年铁匠收留妻子临盆的恩情，便准备了礼物，专程赶往铁匠家中去道谢。等到了铁匠家中，却见铁匠家里仍是家徒四壁，他的儿子却和自己长得相似，正跟着铁匠在打铁。

秀才十分诧异道："这可奇怪了！你儿子和我儿子生辰时刻相同，八字也一样，此时理应也该是个秀才才是，怎么会……"

铁匠大笑，说："他从小跟着我打铁，大字不识一个！"

子曰:"道听而涂说,德之弃也。"

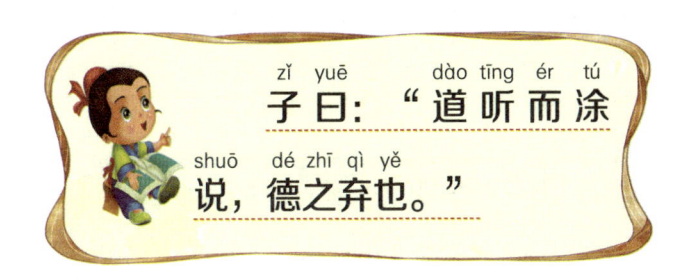

译文

孔子说:"在路上听到传言就到处去传播,这是有道德的人所唾弃的行为。"

故事链接

兼听则明,偏信则暗

由于唐太宗鼓励进谏,并且能够虚心纳谏,因此贞观年间出现了一批敢于直谏的大臣,形成了以进谏为忠的风气。在众多的谏臣中,最著名的是魏征。

有一次,唐太宗曾向魏征问道:"何谓明君、暗君?我作为一国之君,怎样才能明辨是非,不受蒙蔽呢?"魏征回答说:"君之所以明者,兼听也;君之所以暗者,偏信也。以前秦二世居住深宫,不见大臣,只是偏信宦官赵高,直到天下大乱以后,自己还被蒙在鼓里;隋炀帝偏信虞世基,天下郡县多已失守,自己却不得而知。由此可见,作为国君,只听一面之辞就会糊里糊涂,常常做出错误的判断。只有广泛听取意见,采纳正确的主张,您才能不受欺骗。"

唐太宗对这番话深表赞同。从此,他很注意

听取大臣们的谏言，鼓励大臣直言进谏。

魏征去世后，唐太宗伤心欲绝地说："用铜做镜子，可以看出衣帽穿着是否整齐；用历史做镜子，可以明白各个朝代为什么兴起和没落；用人做镜子，可以清楚自己与别人的差距和得失。今天魏征不在了，我真的失掉了一面好镜子啊！"

"兼听则明，偏信则暗"这个成语就是从魏征劝唐太宗的话演变而来的。

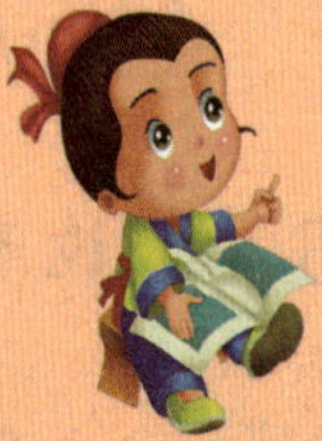